UN ÉTÉ
A
MEUDON,

PAR

FRÉDÉRIC SOULIÉ,

AUTEUR DU VICOMTE DE BÉZIERS, DU MAGNÉTISEUR, ETC.

Tome Second.

BRUXELLES.

J. P. MELINE, LIBRAIRE-ÉDITEUR.

1856

UN ÉTÉ A MEUDON.

Imprimerie de Ode et Wodon.

UN ÉTÉ
A
MEUDON,

PAR

Frédéric Soulié,

AUTEUR DU VICOMTE DE BÉZIERS, DU MAGNÉTISEUR, ETC.

—

TOME SECOND.

BRUXELLES.

J. P. MELINE, LIBRAIRE-ÉDITEUR.

—

1836

TRAGÉDIE BOURGEOISE.

Tragédie Bourgeoise.

C'était du temps de l'empire. Or l'empire fut une époque dont personne au monde n'a encore rien écrit de raisonnable. Nous pouvons vous dire facilement pourquoi : c'est que lorsqu'on se retourne vers ce passé qui est si près de nous, la première chose qu'on aperçoive est un immense soleil qui s'appelle Napoléon et qui rayonne par huit cent mille hommes qui se nomment la Grande Armée. Cette magnifique pyrotechnie scintille d'épaulettes, de sabres d'honneur, de croix, de cordons, de titres, de manans faits rois, de rois faits rien, d'immenses batailles avec douze cents pièces de canon, de capitales prises, des myriades de combats, etc., etc., etc., et mille autres choses encore. Il en résulte que ce soleil avec ses franges de lumière s'étend comme un réseau sur toute cette période d'années, et que tout ce qui est dessous reste obscur, terne, inaperçu. Aussi qu'est-ce que le drame, le vaudeville, le roman ont pris à l'empire ? des colonels, une infinité de colonels, une non moins infinie infinité de sergens, et deux ou trois généraux grognards. A ce propos, quelqu'un pourrait-il me dire pourquoi on ne met jamais en scène le sergent-major ? Jusqu'à présent je n'ai pu en découvrir aucune bonne raison, car je ne puis accepter celle qui me fut donnée par une dame de charité à qui je faisais cette question, et qui me répondit : — C'est tout simple ; c'est parce que tous les majors ont du ventre. — D'où diable avez-vous tiré cela ? — Je ne sais pas ; mais un homme qui s'appelle major doit avoir du ventre. — Je n'ose croire que ce préjugé tout français explique congruement l'exclusion des majors de nos livres et de nos romans. Nous avons dit préjugé français, attendu que nous nous sommes assurés qu'en Autriche et en Prusse le major est représenté comme un être toujours fort maigre, et le plus souvent très laid.

Quoi qu'il en soit, sergent ou sergent-major, colonel ou empereur, le militaire domine toutes les histoires, contes, drames, vaudevilles tirés de l'empire. Il y avait cependant d'autres hommes que des rois ou grenadiers de la garde. Mais de ces hommes, personne ne s'en est occupé; il semble que pour eux il n'y eut jamais d'amours, jamais de bons soupers, jamais rien du tout. Eh bien! l'on se trompe et voici une histoire toute civile, vous remarquerez que je ne dis pas honnête, et qui arriva à un homme qui ne fut jamais employé qu'à manger sa fortune, et à une femme de sénateur que vous connaissez tous, dont le nom commence par un R, et que je nommerai la comtesse de Landry pour que l'on ne m'accuse pas d'indiscrétion; l'homme s'appelait F..... et maintenant est au service de la Prusse. D'après le même système je l'appellerai de Mareuil, et vous voyez qu'il n'y a plus le moindre scandale à craindre.

En 1810, ils étaient jeunes et superbes. La comtesse de Landry était une de ces belles femmes que les hommes de l'empire tirèrent de leurs cottes de bure pour les habiller de velours. Car, il faut le reconnaître, les femmes de l'empire étaient presque toutes belles; et presque toutes surent parfaitement bien à quoi sert la beauté. Madame de Landry brillait entre les plus *courtisées* ; il n'était bruit parmi les feux des *bivouacs étoilés* que des charmes divers de la comtesse de Landry. Quand madame de Landry n'était pas de la conversation, on balançait entre mesdames A., B., C., D., etc., mais sitôt que le nom d'Albanie de Landry venait à être prononcé, on ne disputait plus que sur elle, on ne balançait plus qu'entre son nez et son menton : les uns voulaient ses yeux, les autres sa noire chevelure, ceux-ci ses belles mains, ceux-là ses beaux bras, les plus connaisseurs adoraient ses pieds blancs et menus, sa jambe achevée ; les plus grossiers voulaient tout. L'homme est un animal insatiable.

Pendant ce temps, que faisait Albanie dans son hôtel désert et pendant que son mari gouvernait une province conquise et y établissait les systèmes de la conscription et des patentes ? Elle s'ennuyait la belle et jeune femme. Elle n'avait d'autre plaisir que de se plonger dans des bains parfumés; et là, enveloppée d'une eau blanchie par les essences à la mode, elle admettait quelques merveilleux à la deviner sous son voile liquide; ou bien d'autres fois, couchée sur un lit à la romaine, couverte d'un peignoir de gaze, elle les agaçait du bout de ses pieds nus et blancs qu'elle laissait négligemment entrevoir, et riait de leurs ardens complimens. O faiseurs de Pompadour, restaurateurs de la régence, roués modernes qui rajustez la poudre et le panier, tout entourés que vous êtes de petites femmes maigres, pâles, étiolées, combien je préfère cette belle galanterie impériale qui coquetait à la romaine et avec la nudité, car toutes ces femmes pouvaient se parer de leur seule beauté ! C'est pour cela que l'école de David n'a peint que le nu.

Mais ces occupations du matin que madame de Landry copiait de celles de ces amies, s'arrêtaient précisément à l'heure où elles eussent pu devenir amusantes. L'imitation cessait à la nuit close ; c'est-à-dire à la nuit de la civilisation, quand les bougies s'éteignent : et madame de Landry dormait toute seule. Erreur ! elle ne dormait pas ; elle rêvait seule. Elle rêvait éveillée, et se rappelait alors les conseils qu'elle recevait tous les jours. Un amant, deux amans, trois amans, dix amans, voilà la vie, voilà le bonheur. Cela se disait tout haut, cela se faisait comme cela se disait ; et la vanité s'en mêlant, c'était devenu une mêlée, une bataille, une orgie superbe à laquelle la famille impériale avait fourni son chef comme chacun sait : beauté idéale dont plus d'un homme a payé de sa vie les baisers souverains ; car Napoléon savait faire tuer à l'armée et avec honneur, les heureux qui ne savaient pas se taire ou se cacher. Albanie vivait dans cette atmosphère de lubricité physique plutôt que de corruption morale. Car, il faut le reconnaître, toutes ces femmes qui donnaient si souvent leur corps, ne donnèrent point leur ame. Et ce fut une merveilleuse chose quand l'heure du malheur et de la proscription arriva, de les voir retourner à leurs maris avec une fidélité et un dévouement admirables. Toutefois, Albanie ne pouvait se résoudre à prendre un amant, c'était le lot de la moindre baronne, c'était se confondre avec tout le monde ; en prendre deux, en avoir dix, cela répugnait à Albanie : il faut avoir l'habitude de ces choses-là pour les croire possibles. Enfin, tourmentée de l'absence de son mari, obsédée des conseils de toutes les femmes qui l'entouraient, elle se décida à profiter de la première occasion un peu présentable pour se débarrasser de cette virginité matrimoniale qui la rendait ridicule, mais à en profiter avec une impertinence qui du premier amant, et à peu de frais, la mettrait de pair avec les plus opulentes de ses rivales.

A la même époque vivait (nous entendons

par vivre être jeune), vivait M. de Mareuil, un gentilhomme d'autrefois, d'une figure et d'une taille qui supportait à ravir les frisures à crochet, les habits carrés et la culotte courte de l'époque, possesseur d'une fortune qui eût fourni à Napoléon des remplaçans tant qu'il en eût demandé, et garçon d'une bravoure qui se souciait peu de l'uniforme et dont l'épée pendue à la cheminée, s'était usée contre les épées accrochées au flanc gauche des plus déterminés de l'armée. M. de Mareuil, n'ayant rien à faire et ne faisant rien, avait des femmes. C'était son état, son métier, sa manie. Quoique *lancés* tous deux dans le grand monde de cette époque, M. de Mareuil et madame de Landry ne s'étaient jamais rencontrés. Cependant ils se connaissaient. Albanie savait jour par jour le bulletin des conquêtes de M. de Mareuil ; Ernest, *il s'appelait Ernest* (prononcez ceci avec la grâce parfaite de Mademoiselle Mars et ce sera un mot ravissant), Ernest donc, savait que madame de Landry était belle comme Vénus, qu'elle le laissait voir assez volontiers, mais qu'elle n'en profitait point, ou n'en faisait profiter personne. Durant l'une de ses insomnies, Albanie se dit tout bas : Si M. de Mareuil s'adresse à moi, il sera le héros et la victime de ma gloire. Ernest, gris de Romanée, on buvait beaucoup de Romanée sous l'empire ; Ernest cria dans un souper : — Je parie cinq cents napoléons, que j'aurai madame de Landry.

A partir de ce jour les ennemis se cherchèrent ; mais madame de Landry savait le propos de M. de Mareuil, et M. de Mareuil ignorait la résolution de madame de Landry. L'aptitude à cacher est prodigieuse chez les femmes. Je ne connais pas un homme qui sache cacher une bosse au front ou une bonne fortune : il n'y a pas de petite fille qui ne sache cacher une grossesse ou un amant.

Entre gens qui se cherchent, la rencontre a bientôt lieu. Celle de M. de Mareuil et de madame de Landry eut lieu aux Français. Aujourd'hui nous dirions à l'Opéra. Alors c'était aux Français, la comédie française était à la mode. Tout le monde avait sa loge aux Français. En vérité, je vous l'atteste, c'était une époque toute particulière que celle de l'empire, une époque dont les habitudes habilement exhumées des chroniques du temps, seraient pleines de pittoresque et d'originalité. Comme tout le monde, madame de Landry avait sa loge aux Français. Ce qu'on appelle aujourd'hui une loge de la galerie, ce qu'on nommait alors une première loge.

Aujourd'hui où l'on ne paie plus sa place aux spectacles, il n'y a guère que les marchands de foulards et de tabac prohibé qui vont à la première galerie. Alors les plus merveilleux venaient y prendre place, pour se trouver devant les loges, où brillaient les souveraines de la mode. M. de Mareuil vint s'asseoir un vendredi sous la loge de madame de Landry, et écouta *Andromaque* en lorgnant Albanie, mais sans lui adresser une parole; madame de Landry se laissa lorgner, mais sans demander à ses voisins quel était cet intrépide lorgneur. Deux jours, trois jours, dix jours se passèrent ainsi sans qu'il y eût d'autres marques d'une lutte offerte et acceptée, que le retour constant de madame de Landry dans sa loge, et la présence immanquable de Mareuil à sa place. Tous deux étaient trop habiles pour entamer une conversation sans raison apparente. Cependant cela commençait à être remarqué, ou plutôt à ne l'être plus. Quelques amis de Mareuil étaient venus les premiers jours pour voir commencer l'attaque; mais cette tactique imitée de *Fabius Cunctator*, parut mortelle aux hommes qui n'entendaient parler que de villes prises en vingt-quatre heures et de femmes séduites en cinq, et l'on se prit à se moquer d'Ernest et à le laisser lorgner silencieusement sa belle. Mareuil lui-même s'ennuyait de cette attente muette et espérait une occasion ; madame de Landry n'en fournissait aucune ; elle venait assidûment, comme pour dire : Me voilà ; mais jamais elle ne s'informait vaguement du nom d'un comédien, de manière à ce qu'Ernest pût répondre, quoiqu'on ne lui eût point parlé. Jamais son éventail n'était tombé, jamais une circonstance où il pût faire l'empressé. Albanie le réduisait, ou à se faire présenter, ce qui eût été du dernier ridicule, ou à lui parler sans motif, ce qui n'eût pas semblé fort adroit. Un soir où Mareuil, en désespoir de cause, allait en venir à ce dernier moyen, un officier de hussards qui vint s'asseoir à côté de lui, et devant la loge de madame de Landry, lui fournit une occasion charmante de se montrer galant. Par mégarde ou autrement, l'officier de hussards garda son schako sur la tête au moment où la toile se leva. Ernest ne s'en fut pas plutôt aperçu, qu'il arracha le schako de l'officier, et le jeta dans le parterre en lui disant : — Est-ce que vous ne voyez pas qu'il y a une dame derrière vous ? L'officier stupéfait et furieux voulut souffleter Mareuil, mais pendant qu'il levait les mains, Mareuil le jeta dans le parterre après son schako, et se retournant gracieusement vers madame de Laudry, il lui dit d'un ton parfaitement humble et poli :

— Veuillez m'excuser, madame, d'avoir appris à ce manant le respect qu'on doit à une femme comme vous.

— Mon Dieu, monsieur, vous être trop bon ! lui répondit madame de Landry, toute troublée de ce premier hommage. Ce soir-là, la conversation n'alla pas plus loin. Mais le lendemain, lorsque Ernest reparut blessé, madame de Landry ne put s'empêcher de lui dire avec le plus doux intérêt :

— Quoi ! monsieur, vous êtes blessé ?

— Hélas, oui ! madame, répondit Mareuil d'un ton de sincère douleur, mon adversaire a été plus heureux que moi. Je l'ai tué.

— Il est mort ! s'écria Albanie en pâlissant.

— Il est mort, répondit Mareuil d'un air sombre, il ne souffre plus, il ne souffre pas d'un amour sans espoir.

Il était difficile de refuser une pareille déclaration. Soit étonnement, soit adresse, madame de Landry l'accepta, car elle baissa les yeux et devint toute rouge. Mais cette première émotion passée, Ernest ne se trouva avoir gagné que le droit de causer avec madame de Landry, car dès qu'il parlait amour, elle le regardait d'un air si moqueur qu'il en était stupéfait. Cependant quoi qu'il osât dire, elle n'en semblait ni étonnée, ni fâchée, seulement elle ne répondait pas. Près de quinze jours se passèrent ainsi et Mareuil commençait à se dire : Ah çà ! est-ce que je suis un enfant ? est-ce que je suis joué ? Certes, si jamais j'ai montré quelque esprit c'est vis-à-vis de cette femme, il n'est aucun point par où je ne l'aie attaquée : tendresse passionnée, vanité, ennui de femme seule, j'ai tout éveillé ou appelé en elle. Désespoir, dépit, assiduité, larmes, maigreur, je lui ai tout prodigué, car j'en deviens maigre. Est-ce que j'en serais amoureux ? Balivernes ! je ne l'aime pas : je l'aurai.

Quant à Albanie, elle écoutait Ernest comme un acteur de premier ordre. Quelquefois cependant, elle pensait : Qu'il est étonnant qu'on joue si bien la comédie, sans éprouver rien de ce qu'on débite ! et elle ajoutait tout bas : En vérité, je suis bien heureuse de savoir que ce n'est qu'un jeu.

Cependant les amis d'Ernest lui riaient au nez, les amies d'Albanie lui répétaient que ce qu'elle appelait un triomphe, était la plus sotte et la plus vulgaire puissance de l'amour. Garder un homme à ses pieds parce qu'on lui résiste !

mais c'est de la dernière facilité, la plus médiocre fille de portière obtiendra ce succès quand elle voudra. Il fallait en finir, Ernest et Albanie le sentaient bien. Mais rien n'est gauche comme un séducteur vis-à-vis d'une femme qui ne joue ni la pruderie, ni la résistance, ni la passion; rien n'est maladroit comme une femme qui veut se donner et qui n'en a pas l'habitude. Cependant Ernest avait pris un parti. Le soir de cette résolution, il sortit de sa galerie, un moment avant qu'Albanie ne quittât sa loge, et lorsqu'elle partit, il se trouva là pour lui donner la main. Madame de Landry l'accepta, et il la reconduisit jusqu'à sa voiture : il pressa doucement la main qu'il tenait, et s'apprêtait à demander la permission de l'accompagner plus loin, lorsque madame de Landry se retourna et remercia M. de Mareuil de son obligeance, monta dans son équipage et s'éloigna, tandis qu'Ernest demeurait immobile à sa place. Ernest était comme un homme qui marche à la prise d'une ville ennemie et qui en trouve les remparts déserts et les portes ouvertes. Cet homme qui se fût intrépidement jeté à la gueule d'un canon pour escalader les murs, entre en tremblant dans cette enceinte non défendue ; il lui semble qu'il doit y avoir un piége sous chacun de ses pas. Ernest avait compté sur une observation, sur le moindre étonnement, sur quelque chose enfin à propos de quoi il pût plaider sa cause; mais il ne sembla pas qu'on se fût aperçu qu'il eût plus fait qu'à l'ordinaire. Cette aventure commençait à faire réfléchir Ernest très sérieusement. D'ailleurs, depuis qu'il faisait tous les soirs sa seule occupation de causer avec madame de Landry, il croyait avoir découvert en elle un esprit grave au milieu de sa légèreté affectée, une sorte d'innocence de cœur au milieu de la dépravation de ses théories parlées; et un autre sentiment que la vanité commençait à l'intéresser à la défaite d'Albanie. Le petit manége sur lequel il avait compté n'ayant rien amené, il essaya de le cesser puis de le reprendre : tantôt au sortir du spectacle il offrait sa main; tantôt il se retirait sans rien dire, mais une égale impassibilité accueillait les soins qu'il prenait et l'oubli de ces soins.

Enfin voyant que cette prétendue conquête devenait tout-à-fait une passion d'écolier, M. de Mareuil se détermina à tenter un grand effort, et le soir venu, il se rendit au Théâtre-Français et retrouva madame de Landry. Nous pensons avoir suffisamment prouvé l'intérêt que nos deux héros mettaient à triompher l'un de l'autre, en constatant que pendant un mois ils allèrent tous les soirs au Théâtre-Français; en vérité il devait y avoir un commencement d'amour sérieux dans un si grand dévouement. Le soir dont il est question, M. de Mareuil offrit sa main à madame de Landry pour descendre de sa loge et regagner sa voiture. Madame de Landry accepta. Ils causaient paisiblement de *Nicomède* qu'on avait joué ce soir-là. Mais au lieu de saluer et de se retirer quand le domestique baissa le marchepied, M. de Mareuil attendit qu'Albanie fût montée dans la voiture et à peine y fut-elle assise qu'il monta après elle et s'assit à ses côtés. Le domestique ferma la porte avec cette rapidité parisienne qui, aux portes des théâtres, est stimulée par les cris des gendarmes chargés de faire défiler les voitures. Mareuil cria à *l'hôtel* sans s'occuper où on le conduisait, et se retourna vers madame de Landry, décidé à supporter les reproches les plus vifs sur son impertinence.

— En vérité, monsieur, lui dit Albanie, je ne suis pas de votre avis; Talma a été superbe ce soir.

Certes, si madame de Landry, par une outrecuidance inouïe, eût donné une paire de soufflets à Mareuil, il n'eût pas été plus confondu de cette injure qu'il ne le fut de cette phrase tranquille qui continuait sans étonnement la conversation qu'il avait avec elle sur la vestibule. Madame de Landry, sans paraître s'apercevoir ni de cette impertinence ni de la confusion d'Ernest, poursuivit la dissertation sur *Nicomède*, et la voiture arriva dans un bel hôtel de la rue de Bourgogne. Elle entre dans la cour, on ouvre la portière, et madame de Landry descend. Mareuil étourdi, stupéfait, anéanti, se demande s'il ne devait pas saluer et se retirer, mais en vérité c'eût été d'un sot si complet, qu'il chercha dans l'attitude de madame de Landry un indice qui l'engageât à se retirer ou à entrer dans l'hôtel : madame de Landry était parfaitement calme, prête à dire adieu ou à accepter de nouveau la main qu'on lui présenterait ; Mareuil se dit : Cette femme a des gens apostés ici sans doute et je m'engage dans quelque mauvaise affaire, c'est assuré, n'importe ! je ne reculerai pas, le sort en est jeté.

Il offrit son bras, on accepta son bras : et madame de Landry et M. de Mareuil, précédés de deux domestiques de cinq pieds six pouces, entrèrent dans une riche suite d'appartemens et les traversèrent, madame de Landry causant toujours avec gaîté, M. de Mareuil regardant un peu autour de lui : ils arrivèrent ainsi dans un boudoir délicieusement décoré. A peine Ernest et Albanie y furent-ils, que celle-ci demanda et prit la permission de se retirer un moment, et que de Mareuil se trouva seul.

Ce n'est point douteux, se dit-il, c'est un piége, et je suis pris; mais jusqu'où cela va-t-il aller? oserait-on exercer des violences sur moi? est-ce seulement une plaisanterie de femme, une mystification? il faut m'en assurer. Il alla vers la porte par laquelle madame de Landry était sortie, elle était fermée.

J'en étais sûr! s'écria-t-il véritablement alarmé, je suis prisonnier.

Il alla vers une porte, celle par laquelle il était entré; il la trouva ouverte, elle donnait sur les appartemens qu'il avait traversés et qui étaient éclairés faiblement : il s'y engagea en tenant à la main une énorme pincette qu'il avait prise dans le foyer du salon, il gagna ainsi l'antichambre qui ouvrait sur le perron de la cour, quatre domestiques qui s'y trouvaient se levèrent à son aspect, et Mareuil les compta d'un coup d'œil; il serra sa pincette avec force; les domestiques demeurèrent debout et immobiles.

— Est-ce par là que l'on sort? dit Mareuil.

— Oui, monsieur, répondirent-ils, et ils lui ouvrirent la porte. M. de Mareuil entra dans la cour toujours la pincette à la main.

Je crois que je ferai bien de m'en aller, se dit-il; cependant de quels rires vais-je être accueilli demain si on sait cette aventure! et certes elle est trop ridicule pour moi, pour qu'on ne la sache pas : pourtant si je demeure, je n'en puis douter, je tomberai dans quelque infâme guet-apens. Cette madame de Landry aura appris les propos que j'ai tenus sur son compte, elle est femme à me faire rompre les os : et qui sait si elle s'arrêtera là ? Il descendit trois marches du perron, et s'arrêtant tout à coup, il s'écria en lui-même : Je serais le dernier des hommes si je sortais d'ici; il n'y aurait pas assez de quolibets contre moi si je fuyais; rentrons, dussé-je périr.

Il rentra.

Il y avait cette fois huit laquais dans l'antichambre. Il prit envie à Mareuil de les charger à coups de pincette; mais ils étaient dans la position respectueuse de gens qui attendent un ordre. Mareuil regagna les appartemens et retourna dans le boudoir.

Il se trouva devant une glace qui descendait

jusqu'au parquet et s'y regarda. Il était impossible d'avoir un air plus ridicule que le sien. Le chapeau sur la tête, le visage inquiet, une pincette à la main! il se regardait encore lorsqu'on ouvrit la porte par où était passée madame de Landry. Une négresse entra, et, sans paraître l'apercevoir, dressa une table et y mit deux couverts. De Mareuil demanda à cette femme, si madame de Landry allait venir. La négresse fit signe qu'elle était sourde et muette, continua à apprêter le couvert, et se retira quand tout fut fini. De Mareuil demeurait toujours debout, la pincette à la main; bien décidé à assommer le premier homme qui se présenterait. On ouvrit encore, et ce fut madame de Landry qui entra vêtue du plus agaçant négligé. A l'aspect d'Ernest qui s'était vivement retourné en levant sa terrible pincette, madame de Landry ne put retenir un léger sourire, mais elle dit aussitôt avec son indifférence aisée :

— Comment! monsieur, on vous a laissé le soin d'arranger ce feu qui s'éteint? permettez-moi de prendre ce soin.

Elle s'avança et tendit la main pour prendre l'énorme pincette.

— Ah! mon Dieu, fit-elle, où avez-vous été chercher cela? mais il y a ici tout ce qu'il faut.

Et s'asseyant au coin de la petite cheminée de marbre blanc de son boudoir, elle se mit à tisonner. Au même instant où madame de Landry était entrée, il s'était fait un grand bruit dans la cour, et une voiture était sortie de l'hôtel avec fracas. Mareuil était enragé de sa sotte figure, il jeta la pincette avec humeur et s'écria :

— Madame, il faut...

— Pardon, dit madame de Landry en l'interrompant, c'est l'heure de mon souper.

Elle sonna, la négresse parut et servit. Madame de Landry se mit à table.

Après tout, se dit Mareuil, on n'assassine pas un homme de ma sorte.

Il prit place et soupa. La négresse ne faisait qu'entrer et sortir, et madame de Landry avait repris sa conversation sur *Nicomède*. Enfin la négresse disparut tout-à-fait. La voix de madame de Landry commençait à devenir émue.

Bien, se dit Mareuil, voilà le moment venu, elle m'excite à quelque imprudence, tant d'émotion après tant d'audace n'est pas naturelle, nous allons voir ; et du bout du pied il s'approcha la pincette pour pouvoir la saisir facilement. Presque aussitôt il entendit attacher la barre de fer de la porte cochère. La pendule sonnait deux heures.

— Il paraît, dit Ernest, que toute retraite m'est fermée, madame ?

— Vous voulez sortir, monsieur ? répondit Albanie ; je vais sonner et vous faire reconduire.

Je suis joué, pensa-t-il. Sortir ? je suis déshonoré ; rester pour rien ? je suis encore plus déshonoré. Oser ? c'est peut-être là qu'on m'attend pour donner le signal. Il faut en finir.

— Madame, dit-il tout haut, qu'est-ce que tout ceci signifie ?

— Quoi, monsieur ?

— Mais, ce qui se passe.

— Que se passe-t-il de si étonnant ?

— Il me semble, madame, que ce n'est pas ordinairement ainsi... que l'on reçoit...

— Pardon, monsieur, reprit Albanie, je vous ai fait attendre long-temps dans ce boudoir... c'est qu'en vérité je ne comptais pas sur votre visite, et que rien n'était préparé pour vous recevoir.

— Pour me recevoir ! répéta Mareuil en jetant un regard inquiet autour de lui ; pour me recevoir, reprit-il encore, la manière est étrange !

— Quelqu'un de mes gens vous aurait-il manqué de respect ? dit vivement madame de Landry.

— Non, madame, repartit brusquement de Mareuil; mais, vous-même...

— Ai-je manqué de politesse?

— Je ne puis le dire; cependant...

— Eh bien?....

Ernest se mit à regarder madame de Landry ; elle avait baissé les yeux, et sa poitrine qui soulevait la gaze de son peignoir, attestait une puissante émotion. Ernest la regarda long-temps : la beauté d'Albanie le troubla. Mille pensées vinrent à l'esprit de Mareuil durant ce court examen. Il se disait : Si cette femme eût été bonne et franche je l'aurais aimée, car elle est plus belle qu'aucune que je connaisse; car jamais je n'ai rencontré tant de complète élégance et d'esprit supérieur. Peu à peu cette idée le gagna, et il se sentit presque honteux et attendri. Par un mouvement lent et doux, il mit un genou à terre devant Albanie, et prit sa main qu'elle lui abandonna.

— Madame, lui dit-il d'un ton humble et digne à la fois, si je vous demandais mon pardon, me l'accorderiez-vous?

— Quel pardon? dit madame de Landry froidement.

— Vous ne le savez que trop, madame, repartit Mareuil. Tant de femmes m'avaient donné le droit d'être fat, que j'ai eu la sottise de l'être avec vous. Vous m'en punissez cruellement.

— Je ne vois pas en quoi! dit Albanie en souriant.

— Ah! madame, ne me raillez pas davantage. J'ai tenu des propos dont je rougis depuis que j'ai appris à vous connaître. Une sotte vanité, que j'avoue, me rend peut-être indigne de vous dire la vérité. Mais sur mon honneur, madame, je vous aime; sur mon honneur, je vous respecte.

Un léger tressaillement accueillit ce mot de Mareuil; un sentiment de bonheur se répandit sur le visage de madame de Landry. Mareuil n'y vit que le triomphe d'une vanité satisfaite. Il se releva et reprit à haute voix :

— Madame! et pardonnez si je parle assez haut pour qu'on m'entende hors de ce boudoir, je n'ai donné le droit à personne de douter de mon courage. Quel que soit le piége qu'on m'ait tendu, vous êtes comme un otage entre mes mains, et avant qu'on fût arrivé à votre secours, je pourrais vous punir des violences qu'on voudrait exercer contre moi.

Il marcha vers les portes et en tira les verrous.

— Maintenant, ajouta-t-il, vous êtes à moi ; on peut me tuer, mais on me tuerait dans vos bras, et peut-être trouverez-vous que la leçon n'en vaut pas la peine. — Eh bien, reprit-il à voix basse, si vous voulez me pardonner, si vous voulez oublier que je vous ai indignement jugée, je sortirai de cet hôtel, je subirai le ridicule de cette aventure, je vous permettrai d'en rire. Je vous ferai le plus grand sacrifice que puisse faire un homme... celui de sa vanité. Car avant tout j'ai besoin que vous croyiez à une chose vraie... vraie, madame, reprit-il encore plus bas, et à ce point que toute ma vie se passera à vous la prouver..... c'est que je vous aime d'un amour que je n'ai jamais senti, et que vous seule méritez.

En l'écoutant, madame de Landry, tout-à-fait confuse et agitée, détournait les yeux et s'éloignait de Mareuil.

— Monsieur, lui dit-elle après avoir rassuré sa voix, vous pouvez sortir.

Elle prit un flambeau, et précédée de Mareuil, elle lui fit traverser un long couloir. Un calme absolu régnait dans la maison : Ernest prêtait l'oreille au silence pour y surprendre un rire étouffé, pour saisir un bruit qui attestât qu'il était surveillé ; mais rien ne s'émut autour de lui, tout demeura désert et muet. Ils gagnèrent ainsi une petite porte qui ouvrait sur la rue, et ce fut au moment où madame de Landry mit la main sur la clef, que Mareuil pensa tout à coup que ce n'était peut-être que de lui-même qu'il avait été la dupe. En effet, si toutes ces suppositions d'hommes apostés étaient fausses, si tous les dangers auxquels il croyait avoir échappé, n'avaient existé que dans son imagination, jamais il n'y aurait assez de rires contre lui, jamais assez de quolibets. Cette idée arrêta Mareuil et le fit rougir. A ce moment il eût donné dix ans de sa vie pour pouvoir risquer le reste contre dix hommes armés. L'envie lui prit tout à coup de souffler la bougie et de profiter de l'obscurité. Il réfléchit qu'il n'en serait pas moins ridicule, et qu'il deviendrait brutal. Ernest arrêta madame de Landry au moment où elle allait tourner la clef; il la regarda en face, et assez long-temps pour qu'elle en fût troublée.

— Madame, lui dit-il enfin, pouvez-vous être franche avec moi?

— Pourquoi non?

— Quel a été votre dessein en m'attirant ici?

— Voilà une expression que je ne puis accepter, monsieur; vous m'avez abordée au spectacle, je vous ai laissé faire; vous êtes monté dans ma voiture, je n'ai rien dit; vous êtes entré chez moi, je vous ai reçu; vous voulez sortir, je vous reconduis.

Ernest demeura assez embarrassé de la réponse; il garda un moment le silence.

— Monsieur, lui dit madame de Landry, décidez-vous, prenez un parti; ce corridor est humide, et je sens le froid qui me gagne.

— Madame, répondit Ernest, ouvrez-moi cette porte, je veux sortir; car je ne puis expliquer votre conduite que de deux manières. La première, c'est celle qui me fait sortir, c'est la supposition que vous avez voulu me punir de ma fatuité, et s'il en est ainsi, je vous en remercie. La seconde manière d'expliquer votre conduite de ce soir, serait si outrageante pour vous et si affreuse pour moi, que je n'ose vous le dire, car je n'ai pas le courage d'y penser.

— Et quelle est cette seconde manière, monsieur?

Ce serait de supposer que pour de plus grandes hardiesses que celles que je me suis permises, j'eusse rencontré la même facilité que vous m'avez montrée.

— Et s'il en était ainsi, monsieur?

— Je vous mépriserais.

— Vous m'aimez donc beaucoup ?

— Oui.

— Monsieur, répondit madame de Landry en ouvrant la porte, je vous souhaite de bonsoir.

— Madame, quand vous reverrai-je?

Elle poussa la porte violemment, et Mareuil se trouva dans la rue, seul, à trois heures du matin.

Il regarda autour de lui, mais tout était aussi tranquille dans la rue que dans l'hôtel, et Ernest put regagner sa demeure sans combat à livrer. Certes, jamais en sa vie, même dans la nuit qui précéda son premier rendez-vous d'amour, ou d'honneur, il ne fut aussi tourmenté du lendemain que cette fois. La sincère passion qui en face de madame de Landry avait un moment dominé sa vanité, se laissait à son tour dominer par ce dernier sentiment. L'idée de sortir de chez lui épouvantait Mareuil; il lui semblait que tous les visages qu'il rencontrerait allaient lui rire au nez, il hésitait même à sonner son valet de chambre pour se faire habiller, le drôle aurait bien certainement l'air goguenard. Enfin il coupa court à toutes ses craintes en prenant une résolution pleine de sens. Je romprai les os à mon drôle s'il sourit, se dit-il, et je souffletterai le premier venu qui me regardera de travers. Sur cette détermination, il sonna. Le valet de chambre entra. Ernest inspecta sa figure, elle n'avait rien que de fort ordinaire. Il apportait les journaux, et sur les journaux une lettre et une bourse. Dans la lettre il y avait :

« Vous avez gagné votre pari. »

Dans la bourse il y avait cinq cents napoléons.

Ernest sauta de son lit, et prit le valet de chambre à la gorge.

— Qui t'a remis cela, misérable? réponds, ou je t'étrangle.

— Mais, monsieur le comte... j'étouffe.

— Veux-tu parler?...

— Heugh!...

— Parleras-tu?

Le valet de chambre était violet. Mareuil le lâcha, et la suffocation ayant été suspendue, le malheureux put répondre aux questions de son maître.

— C'est un valet de pied qui m'a remis cette lettre et cette bourse.

— Quelle livrée?

— Bleu et or.

— Revers ponceau?

— Oui, monsieur le comte.

— Culotte ponceau?

— Oui, monsieur le comte,
— C'est elle !
— Qui ?
— Hein !
— Pardon, monsieur le comte.
— Donne-moi de quoi écrire.

Il écrivit ce qui suit :

« Madame,

« C'est trop de raillerie ou d'impudence. Si je n'ai été qu'un sot, dispensez-moi de vous dire ce que vous eussiez été si j'avais été un homme d'esprit. Voici vos cinq cents napoléons; si quelqu'un les a gagnés cette nuit ce n'est pas moi; gardez-les. »

« Je vous hais.

« Ernest de Mareuil. »

Tout en fermant ce billet stupide de colère, Ernest remarqua la bourse; elle était en filet, et brodée de petites perles d'or, figurant un A et un L, il en tira les cinq cents napoléons, les enferma dans une autre bourse en filet bleu sans chiffre, et remit le tout à son valet de chambre.

— Pierre ?
— M. le comte.

— Tu vas aller toi-même rue de Varennes, hôtel de M. de Landry ; tu demanderas à voir la comtesse de Landry, et tu lui donneras cette bourse et ce billet. Songe que si cette bourse et ce billet ne lui parviennent pas, je te chasse.

— Il suffit, M. le comte.

— Défends ma porte à tout le monde.

— Oui, M. le comte.

Le valet de chambre partit. Trois heures après il était de retour.

— Eh bien ! as-tu vu madame de Landry, bourreau ? voilà trois heures que j'attends !

— Non, M. le comte.

— Comment ? drôle !

— Pardon, M. le comte ; mais madame de Landry n'est plus à Paris.

— Comment ?

— Elle est partie cette nuit à une heure du matin.

— A une heure du matin ?

— Oui, M. le comte.

— C'est impossible.

— C'est certain.

— D'où le sais-tu ?

— Je suis allé à la poste, les chevaux avaient été commandés pour minuit, ils sont partis à une heure ; le postillon qui a conduit me l'a déclaré.

— Qu'a-t-il conduit ?

— Une berline.

— Que renfermait cette berline ?

— Deux femmes, la comtesse de Landry et sa femme de chambre, une négresse.

— A une heure du matin ?

— A une heure du matin.

— Impossible.

— C'est certain. Je suis allé à la barrière par où elles sont sorties ; la voiture y a passé à une heure un quart.

— Avec deux femmes ?

— Avec deux femmes.

— Qu'as-tu fait de la bourse et de mon billet ?

— Je les ai remis à l'intendant, qui allait partir avec les autres domestiques pour rejoindre madame de Landry à Mayence où elle va trouver son mari.

— Stupide animal !

— Vous m'avez dit : Songe que si cette bourse et ce billet ne lui parviennent pas, je te chasse.

— C'est bon ! ma chaise, un passeport, des chevaux. Dans deux heures nous partons.

— Où allons-nous ?

— A Mayence.

— Tant mieux, j'aime beaucoup le jambon.

De Paris à Mayence ils coururent comme des banqueroutiers, et demandèrent à la première poste :

— A-t-il passé une berline hier ?

— Oui.

— Avec deux femmes dont une négresse ?

— Avec deux femmes dont une négresse.

A la seconde poste ils apprirent qu'une roue de la berline s'était brisée, et qu'au milieu de la nuit il avait fallu trois heures pour la réparer.

— Que faisaient les dames pendant ce temps ?

— Elles ont attendu en se promenant sur la route.

— Seules, dans la nuit ?

— Seules, dans la nuit.

— C'est extraordinaire.

— En quoi, M. le comte ?

— Tu es un imbécile. Au galop, postillon !

Puis à partir de là c'était toujours une berline qui avait passé, sans que Mareuil pût gagner un quart d'heure sur elle. Ils allaient comme des enragés, elles couraient comme des folles.

Connaissez-vous Mayence ? Je déclare n'avoir aucune idée de la ville de Mayence ; seulement elle est si intimement liée dans ma tête à l'idée de jambon qu'il me semble qu'hommes et femmes, maisons et rues doivent y avoir un air de fumé et un petit goût de salé qui doit faire boire au premier aspect. Lorsque Mareuil approcha de Mayence, à quatre lieues de la ville il reconnut au loin sans l'avoir jamais vue, la berline de madame de Landry. Son cœur, aidé de tous les renseignemens qu'il avait pris sur la route, lui dit qu'Albanie n'était qu'à quelques pas devant lui. Il jeta une bourse au postillon (style d'opéra-comique), c'est-à-dire qu'il lui dit qu'il lui paierait les guides double, quadruple, etc., ce qui ne pouvait guère dépasser quatre petits écus, s'il pouvait atteindre ladite berline, l'accrocher et l'arrêter.

Il n'y a pas de postillon qui pour cent sous ne crève les deux meilleurs chevaux de son maître, ne brise une voiture de Baptiste, et ne risque de rompre les os à dix personnes. Le postillon obéit et lança la chaise de Mareuil avec une rapidité effrayante. Mais soit que le postillon de la berline sentît l'affront qu'on voulait lui faire, soit que les habitans de la berline eussent, à échapper, un intérêt égal à celui que Mareuil avait à poursuivre ; la berline se prit aussi à courir du galop forcené de ses quatre chevaux. Mais outre qu'une chaise roule mieux qu'une berline, Mareuil avait inventé une manière d'éperonner les chevaux qui les faisait aller comme des furieux : au moyen d'une fourchette de voyage qu'il avait attachée au bout d'une canne, il piquait si assidûment les coursiers, qu'enfin ils gagnèrent du terrain, et approchèrent la berline. A travers la poussière qu'elle élevait dans sa course, Mareuil apercevait de temps en temps une tête qui sortait de la portière pour s'assurer du terrain que gagnait la chaise. Enfin la distance se rapprocha tellement, que les chevaux de la chaise touchaient du harnais les roues de derrière de la berline. Alors Mareuil s'écrie d'une voix exaltée par la chaleur de la lutte :

— Accroche! accroche!

Le postillon tente un dernier effort, Mareuil laisse sa fourchette dans le derrière du porteur, la roue de la chaise s'engage entre les roues de la berline; tout se casse, se brise, et s'arrête avec un fracas épouvantable que domine une violente explosion. Mareuil s'élance hors de la chaise et court vers la portière opposée pour l'ouvrir. Un homme qui était déjà descendu de la berline, y était debout et tenait une paire de pistolets à la main, l'un d'eux fumant encore du coup qui venait de partir.

— Vous êtes M. de Mareuil? lui dit-il.
— Oui.
— Voici pour vous.

Et de son second pistolet, il l'étend par terre.

Huit jours après cet accident, l'empereur reçut la lettre suivante :

« Sire,

« J'ai vengé mon honneur. Informé que ma
« femme était en butte aux poursuites d'un
« homme fameux par ses conquêtes amoureuses,
« et qui l'avait rendue l'objet d'un pari désho-
« norant, je me suis échappé de ma résidence.
« Je suis arrivé secrètement à Paris, et je me
« suis glissé dans mon hôtel la nuit même où
« madame de Landry y avait reçu son amant os-
« tensiblement, et devant tous ses gens. Cepen-
« dant ce fut trop tard, elle venait de le faire
« évader par une porte secrète; elle me jura
« qu'elle était innocente; elle avait trop bien
« arrangé la preuve de cette innocence pour ne
« pas être coupable. Par une infernale adresse,
« elle avait tout préparé pour faire croire à son
« départ, à l'heure même où elle était avec son
« amant. Deux femmes de service étaient parties
« à une heure du matin dans la berline, sous le

« nom de madame de Landry et de sa femme de
« chambre. A quelques lieues de Paris, la voi-
« ture devait se briser et attendre que madame
« de Landry vînt la rejoindre pour remplacer
« les femmes qui à leur tour devaient regagner
« Paris dans la voiture de louage qui aurait con-
« duit madame de Landry. Tant de précautions
« annonçaient trop de culpabilité. Cependant
« aussi incertain qu'irrité, j'ai forcé madame
« de Landry à exécuter ce qu'elle avait si bien
« ordonné. Seulement nous avons rejoint en-
« semble la berline brisée. J'y ai accompagné
« madame de Landry en me cachant avec soin
« aux regards des postillons. Ne sachant si je
« devais croire à ses protestations d'innocence,
« j'allais lui pardonner, lorsqu'à quelques lieues
« de Mayence, la poursuite de M. de Mareuil que
« je reconnus dans la chaise qui courait der-
« rière nous, me montra la vérité et m'exas-
« péra : je saisis mes pistolets pour le punir. A
« ce geste, la pâleur de madame de Landry m'a
« révélé ce dont je doutais encore. Elle était
« coupable, sire, elle l'aimait! Alors elle s'est
« écriée : Tuez-moi, c'est moi qui ai tout fait,
« il est innocent. Elle l'aimait! donc je l'ai
« tuée ; je l'ai tué aussi, lui. Maintenant, Sire,
« il ne me reste plus qu'à mourir ; quand vous

« recevrez cette lettre vous pourrez pourvoir à
« mom remplacement.

« Comte de Landry. »

Après cette lecture l'empereur s'écria :
— Trois personnes tuées pour un tête-à-tête ! Je n'ai jamais vu de bataille si meurtrière !

Régnier, vous présenterez au corps législatif une loi qui rapporte l'article 324 du code pénal. Les maris l'ont pris un peu trop au sérieux. Je ne veux pas que la France se dépeuple.

Cela se passait en 1810.

Cette anecdote fut racontée il y a deux mois à Tœplitz, un soir où il y avait dans le salon grande assemblée de baigneurs. Après le récit qu'en fit un monsieur d'une cinquantaine d'années, aux manières nobles et élégantes, il s'éleva une grande discussion pour savoir si le mari avait eu raison de tuer sa femme. Toutes les dames disaient que c'était un assassin.

— A supposer, dit un vieux homme à figure triste, à supposer que l'histoire soit comme monsieur vient de la raconter, la femme n'en était pas moins coupable. Car je voudrais bien savoir ce qui serait arrivé, si M. de Mareuil n'eût pas été pris d'une peur subite ?

— Ma foi, reprit le narrateur, depuis vingt-cinq ans que dure l'union de M. de Mareuil avec madame de Landry qu'il a épousée après la mort de son mari, elle n'a jamais voulu le lui dire.

— Comment! s'écria le vieux monsieur, ils ne sont donc pas morts?

— Non, monsieur; M. de Landry les avait seulement blessés l'un et l'autre. Il fit les choses à merveille, et il a eu la galanterie d'y ajouter, de se brûler la cervelle une heure après.

Le vieux monsieur regarda le narrateur très attentivement; puis il ôta gravement son chapeau, et dit paisiblement :

— Je vous prie de croire, monsieur de Mareuil, que je n'ai pas été assez bête pour ça.

Sur ce mot il sortit, et on ne l'a plus revu.

UN NOM.

Un Nom.

A sept milles de Vienne et sur la rive gauche du Danube, se trouve l'abbaye de Kleusterneubourg. C'est un superbe monument élevé au milieu d'une vallée, qu'environnent des coteaux plantés des riches vignobles; tout autour sont répandus des milliers de fermes dont les toits, couverts de tuiles, se détachent sur le fond vert d'une foule d'arbres fruitiers. De loin en loin, un bouquet de noyers domine cette plaine de feuillage. Ces noyers abritent l'entrée des vastes celliers creusés en terre, où sont déposées les richesses des paysans autrichiens. Aucune partie de la France ne peut nous donner une idée de la grasse et joyeuse prospérité de ce pays. La physionomie des habitans répond complètement à l'aspect de ces campagnes : des hommes vigoureux et massifs, des femmes propres et rebondies, de gros enfans joufflus et roses, peuplent cette riche végétation. Partout un sourire de bienveillance accueille l'étranger qui passe, un salut amical lui souhaite une bonne route, et s'il laisse deviner seulement l'intention de se reposer un instant, tout aussitôt la porte s'ouvre, et le fermier l'introduit dans la grande chambre de sa maison. Là, sur la table couverte d'un tapis tyrolien, où demeurent sans cesse remplis deux flacons de vin, prêts à être vidés en l'honneur du premier venu, il lui offre une tranche de jambon fumé et du raifort préparé avec du vinaigre et du poivre; tout cela sans embarras ni ostentation tant pour ces braves gens l'hospitalité est une habitude de tous les jours ! L'époque de la fête des vignobles présente, sous son point de vue le plus large, cette cordiale assistance accoutumée à tendre la main au premier passant. Pendant quelques jours il se mêle un grand mouvement au calme laborieux du vigneron allemand; le riche fermier laisse entrer un peu d'orgueil dans la satisfaction habituelle que lui donne sa fortune ; son bonheur devient de la joie. Au dimanche convenu les habitans du village où se célèbre la fête et leurs invités se rendent à un pavillon de feuillage préparé à l'avance. Là se trouve un arbre, ordinairement le plus beau de la forêt voisine, qu'on a dépouillé de ses branches, et au sommet duquel on suspend une couronne de pins, de larges cruches pleines de vin, des fruits de toutes sortes, des rubans de toutes couleurs. C'est comme le phare de la fête, qui avertit les paysans des villages voisins de l'endroit où l'on se réunit. A midi on sert dans ce bosquet un repas immense, où n'assistent que les hommes ; à trois heures, les jeunes gens partent en corps et se rendent dans une ferme où sont rassemblées les jeunes filles, et les ramènent processionnellement au lieu du banquet, qui se transforme alors en salle de danse. Un orchestre de vingt ou trente musiciens, composé de harpes et d'instrumens à vent, joue les valses favorites du pays. Cette musique a le charme de toute chose facilement sentie et exprimée. L'instinct musical de l'Allemand donne à ces concerts un accord bien plus intime que la supériorité étudiée de nos meilleurs artistes ; la danse, qui

5.

s'anime au son de cette parfaite harmonie, est, comme elle, si aisée à la nature allemande, il en résulte un ensemble si justement mesuré, si naïvement complet, qu'on passe des heures entières à regarder et à écouter sans ennui ni fatigue, soit quand la fête commence par la valse lente et posée, appelée *landser,* soit lorsque, plus tard, à la clarté de mille lampes suspendues au feuillage, les groupes tourbillonnent aux accens vifs et pressés du *deu-deusthen.* Alors on peut dire que le pays et les hommes se montrent dans leur plus haute expression de richesse matérielle et de félicité modérée.

Pour celui qui vit et meurt dans ce monde et dans ces habitudes, pour celui dont la pensée a compris la destinée humaine dans l'aisance des biens corporels et dans le repos de l'ame, ce peuple, à un jour de travail comme à un jour de fête, est la réponse la plus puissante à toutes les plaintes des idéalistes contre les misères de la vie et à toutes les diatribes des libéraux européens contre les gouvernemens absolus. Mais pour tout homme qui porte en lui une activité d'ame et d'esprit qui a besoin de se répandre au dehors pour ne pas se rabattre sur elle-même, et user rapidement la vie qui lui est départie, pour cet homme rien n'est plus insupportable que ce peuple engraissé de repos, ruminant mollement sa pâture de bonheur, et au cœur ni à la tête duquel il ne doit point frapper pour leur demander une passion ou une idée. Si parmi ce peuple il se trouve des êtres ainsi malheureusement doués, il faut qu'ils s'enfuient s'ils veulent vivre ; il faut qu'ils meurent s'ils ne peuvent fuir.

Il ne manque pas non plus dans ce monde de ces hommes, optimistes décidés, qui trouvent plus commode d'accuser le malheur que de le secourir ou même de le comprendre, qui s'arment de la lâche complaisance de leur nature à supporter toute condition humaine, pour appeler révolte insensée le désespoir d'une ame trop à l'étroit ou trop bas placée pour sa taille et son ambition. Ceux-là, lorsqu'ils ont comprimé tout élan de douleur, lorsqu'ils ont étouffé toute plainte, à force de banalités sur la sagesse qu'il y a à savoir se contenter de son sort, lorsque la victime ne s'agite plus et se tait, ceux-là se font gloire d'une guérison, et répètent avec un sourire inepte de triomphe : « Rêves de jeunesse, folies d'une imagination malade, que quelques bons conseils devaient bientôt ramener à la saine raison ! » Et ils ne s'aperçoivent pas que ces forces, qui demandaient la gloire et l'avenir pour se déployer, s'acharnent à détruire le corps où il les refoulent, et que cette flamme généreuse, mais implacable, à laquelle ils refusent tout aliment, se nourrit de la vie qu'elle devait éclairer.

Lorsque nous nous sommes décidé à publier l'histoire qu'on va lire, ces réflexions nous sont venues plutôt comme une supposition que comme une certitude ; car dans le peu d'événemens qui la composent, deux choses seulement pourraient justifier notre opinion à ce sujet, le nom de celui qui en fut le mystérieux et principal acteur, et le dénouement qui vint la conclure d'une manière si inattendue.

C'était à la chute du jour, pendant une de ces fêtes dont nous avons parlé tout à l'heure, aux environs de cette abbaye de Kleusterneubourg, que nous avons nommée en commençant. Un jeune homme, il pouvait avoir vingt ans, monté sur un gracieux cheval arabe et suivi d'un domestique sans livrée, subissait, sans l'écouter, la conversation d'un homme d'une cinquantaine d'années, dont le cheval marchait au pas, à côté du sien. Tous deux étaient vêtus de noir, et rien n'annonçait que ce ne fussent pas deux simples gentilshommes qui revenaient d'une longue promenade, un père et son fils peut-être ; peut-être aussi un gouverneur et son élève. Mais dans le premier cas, le père eût eu une plus tendre sollicitude pour la préoccupation sinistre de son fils, et dans le second, l'élève eût montré plus de dédain moqueur pour les exhortations ennuyeuses de son gouverneur. Ici c'était, d'un côté, l'obséquieuse tyrannie d'un homme qui surveille l'ame comme le corps, et qui la poursuit d'attentions outrées jusque dans le silence où elle se réfugie ; de l'autre, c'est une résolution persévérante d'insensibilité contre laquelle venaient se briser toutes les phrases vides du parleur. Il y avait quelque chose de particulier entre ces deux hommes. A un certain moment, le cheval arabe, qui marchait doucement, libre sous le poids qu'il portait, et jouant entre ses dents avec le mors détendu de sa bride, le cheval pointa vivement ses oreilles à l'horizon, et aspira l'air avec un long hennissement. Averti par ce sûr instinct que quelque chose approchait à quoi il fallait prendre garde, son cavalier leva les yeux et vit devant lui un de ses grands arbres couronnés pour une fête. Quelques pas après, il entendit les harpes et les cors qui animaient la danse. Quoiqu'il parût refuser les secours que son importun compagnon lui offrait contre sa mélancolie, il n'y avait pas sans doute en son ame un désespoir si arrêté qu'elle n'acceptât du hasard la chance d'une distraction.

« Une fête ! » dit-il en regardant cet arbre tout orné de festons : puis, comme s'il voulait se défaire à la fois et de ce qu'il entendait et de ce qu'il pensait, il reprit un doux et triste sourire : « Allons à cette fête. »

Aussitôt il lança son cheval au galop à travers les arbres bas et branchus qui entouraient au loin le lieu de la réunion, sans prendre garde, ni pour l'épargner ni pour en rire, à l'embaras de son compagnon, qui le suivait péniblement dans sa course rapide. On eût dit la chaîne attachée au pied du forçat qu'il traîne après lui indifféremment, et qu'il use sur le pavé du bagne sans attention ni espérance, certain qu'il y en a une autre toute forgée pour la remplacer. Arrivé à ce cercle d'obscurité que donne autour d'elle toute vive lumière allumée dans le crépuscule, le jeune homme s'arrêta et contempla le spectacle qui s'offrait à lui. Au milieu du bosquet, une nombreuse jeunesse, le sourire aux lèvres, le teint coloré de la chaleur de la danse; tout autour, les vieux vignerons embrassant de leurs larges mains leurs larges gobelets d'argent, qu'ils laissaient reposer un moment sur la table, sans les quitter, pour suivre de l'œil le balancement régulier de la valse; dans un coin, un vieux noble des environs, qui honorait la fête de sa présence, et qui avait permis à sa fille d'ouvrir le bal avec le plus beau des vignerons; çà et là quelques moines de l'abbaye, qui s'entretenaient avec leurs fermiers de la richesse de la récolte, tandis que quelques autres, béatement penchés sur une chaise, les yeux demi-clos, la lèvre avinée, faisaient tourbillonner dans leurs têtes leurs rêves monastiques au bruit des instrumens. Un moment les yeux du jeune cavalier s'arrêtèrent avec une douce expression de bienveillance sur ce tableau de joie innocente. Comme un malade dévoré de fièvre, et qui trempe ses bras brûlans dans une eau fraîche et pure, il semblait qu'il baignât un moment son ame dans cette pure et fraîche atmosphère de bonheur et d'insouciance où s'enivrait tout ce peuple. Mais une voix fatale ne lui permit pas long-temps cet oubli de lui-même. Ce n'était pas, à coup sûr, méchanceté noire et calculée de la part de celui qui vint l'arracher si tôt à cette douce contemplation : ce fut ce pédantisme ignoble d'un moraliste lourdaud, qui marche tête haute sans regarder où il pose le pied, et qui heurte le cœur, brutalement et à son insu. Le vieux compagnon du jeune homme, en voyant le plaisir que celui-ci prenait à regarder cette fête, ne put pas laisser échapper cette excellente occasion de faire sa leçon. Il se pencha vers lui, et avec le sourire satisfait d'une philosophie stoïque :

« Vous voyez, lui dit-il, le bonheur est partout, quand on veut le trouver où l'on est. »

Et après ses paroles, il se reprit à considérer la danse, sans s'apercevoir que déjà le jeune homme ne la regardait plus; qu'il avait de nouveau baissé la tête, et que ses yeux, vaguement fixés devant lui, ne voyaient plus qu'en lui-même. Ils eussent ainsi long-temps gardé le silence, si la satisfaction qu'éprouvait cet homme n'eût ramené ses yeux sur son jeune compagnon pour y admirer l'excellent effet de ses paroles. Il s'étonna comme un sot, et comme un sot il se fâcha presque du mal qu'il avait, l'attribuant à un parti pris de souffrir, à un entêtement de désespéré. Mais il paraît qu'il n'avait autorité que pour tyranniser d'en bas cette vie qu'on lui avait confiée; car il supprima toute expression de surprise et de mécontentement, et dit avec un ton de soumission particulière :

« Pourquoi ne pas vous mêler à cette fête? ce serait une distraction pour..... »

Un profond soupir du jeune homme l'arrêta :

il avait détourné la tête sans répondre ; mais au moment où son compagnon attendait un refus, il le vit se jeter vivement à bas de son cheval. Pendant que lui-même descendait du sien et le remettait à un domestique, le jeune homme fit quelques pas dans l'ombre, passa derrière un arbre, le temps d'essuyer une larme, et se rapprocha de lui. Il portait alors sur son visage une austère et simple dignité.

« Vous voyez, dit-il, que je ne suis pas ingrat ; vous direz, j'espère, que j'accepte avec reconnaissance les plaisirs qu'on me permet. »

Il y avait dans ses paroles la résolution d'un homme qui se sent certainement mourir, et qui se résigne cependant à tous les remèdes qu'on lui offre et qu'il sait inutiles, pour ne pas être au moins accusé de sa mort. Aussitôt il entra dans la salle de bal. Il n'y avait pas fait dix pas qu'un mouvement universel se manifesta à son aspect ; quelques gentilshommes, les fermiers, les moines, se levèrent soudainement, les joueurs d'instrumens se troublèrent dans leur mesure, les valses furent presque suspendues. Un doux regard de remerciement de la part du nouveau venu salua ce bienveillant accueil ; mais tout près de lui et derrière lui, son implacable compagnon arrêta ce mouvement d'un signe de la main. Son geste et l'expression de son visage dirent à toute cette assemblée qu'elle ne devait rien voir et rien manifester, et l'habitude de l'obéissance est telle au cœur du peuple autrichien, il comprend comme si absolu tout ordre qu'il suppose venir du pouvoir, qu'au même instant tout reprit son cours régulier, danse, musique, joie ; on ne se permit plus de faire attention à celui qui arrivait, on n'osa pas même songer à être curieux. Ce coup ne pénétra pas moins avant que le précédent au cœur du jeune homme ; mais à ce moment il faisait jour autour de lui ; l'orgueil couvrit la douleur : rien ne parut sur son visage. Il continua à parcourir le bal, et pour achever toute sa victoire sur lui-même, il se résolut à y prendre part. Quelle misérable vie pour un homme que d'employer toutes les forces de son ame à jouer le calme à propos d'une valse, que de réduire toute la puissance d'un esprit supérieur à faire choix d'une danseuse telle qu'on n'y pût rien deviner de ce qu'il sentait ! Ainsi il dédaigna de donner cette leçon à ceux qui le regardaient, d'aller dans un coin obscur chercher quelque jeune fille délaissée, pour leur montrer que l'abandon de l'abandonné n'est pas une loi pour tout le monde. Peut-être il prêta à toutes ces ames plus d'intelligence qu'elles n'en avaient, et peut-être ne l'eût-on pas compris comme il craignait de l'être ; mais il satisfit à son intime pensée, et depuis longtemps c'était sa seule occupation. Il chercha donc dans l'assemblée la plus belle de toutes les danseuses, la plus invitée, celle qu'on se disputait, et lui demanda de valser avec lui.

« Je ne puis pas, répondit-elle librement ; voici mon danseur pour toute la soirée. »

Et elle lui montra un grand et beau vigneron qui se tenait près d'elle. Celui-ci devint tout rouge ; et, jetant un regard furtif autour de lui, il dit avec un léger tremblement dans la voix :

« Non, non, dansez avec... avec monsieur. »

La jeune fille regarda son danseur avec surprise, et consulta de l'œil une vieille femme qui était à son côté, et qui de la tête, mais en regardant aussi avec inquiétude si on l'observait, lui fit un signe d'assentiment. Le triste jeune homme devina, à la surprise de la jeune fille et au trouble du danseur et de la vieille femme, que la première ignorait qui il était, mais que les autres le savaient ; et il leur sut bon gré, à ces pauvres gens, d'avoir eu pour lui tout le courage dont ils étaient capables. Puis comme il avait besoin d'être reconnaissant, il parla d'eux à sa belle danseuse, non pas en calculant ce qu'il pourrait faire pour eux, car il ne prévoyait pas qu'il pût les récompenser, mais pour s'en occuper et pour les mieux remercier en lui-même en les connaissant mieux. Alors, pendant qu'il suivait les tours rapides d'une valse ravissante, où les musiciens s'appliquaient de cœur, il dit à la jeune fille :

« Cette excellente femme est votre mère, n'est-ce pas?

— Hélas! non, répondit la valseuse; c'est la mère de mon danseur; ma mère est une Française. »

A ces mots, le jeune homme trembla comme à une commotion électrique, et sa danseuse, qui se complaisait à valser avec lui, tant il lui semblait plus habile et plus gracieux que son vigneron, le sentit perdre la mesure et se troubler un moment; mais il se remit aussitôt, et la pénétrant de son regard d'aigle, il ajouta en baissant la voix :

« Et vous, vous êtes Française aussi?

— Non vraiment, dit-elle; mon père est Hongrois, et je suis née en Hongrie comme lui.

— Mais votre mère est ici, sans doute? dit le jeune homme; faites-moi la voir.

— Hélas! reprit la jeune fille, elle est morte!

et, à son tour, elle se troubla et baissa tristement les yeux. »

Le regard du jeune homme perdit tout aussitôt cette tension ardente qui l'attachait au front de cette belle enfant : il devint triste et plein de compassion ; mais elle se trompa lorsqu'elle crut que c'était pour elle qu'était cette subite pitié. Elle ne put pas deviner qu'elle venait d'éteindre une espérance, une espérance bien vaine sans doute, celle de voir des yeux qui avaient vu la France, et rien au monde ne pouvait avertir cette pauvre jeune fille que c'était sur lui-même qu'était triste ce beau et noble jeune homme. Elle voulut répondre à son intérêt, et crut lui devoir une confidence en retour.

« Oui, elle est morte voilà bientôt deux ans ; mon père n'a pu supporter plus long-temps de demeurer dans le village où nous l'avons perdue ; c'est pourquoi nous avons quitté, il y a un mois, les environs de Presbourg pour venir habiter auprès de Vienne. »

Cette circonstance expliquait au jeune homme comment il était inconnu de cette paysanne ; mais il n'y fit point attention, et la valse s'acheva en silence. En reconduisant sa danseuse à la place où il l'avait prise, il vit que son compagnon parlait bas à la vieille femme, qui fit asseoir la jeune fille auprès d'elle sans lever les yeux sur lui. Il s'éloigna de quelques pas, soupçonnant aisément les ordres qu'elle avait reçus, mais, à quelque distance, il voulut s'en assurer tout-à-fait, comme un homme accoutumé à souffrir et qui veut faire pénétrer jusqu'au fond de son ame toute douleur qui l'effleure. Il se retourna et vit au geste actif de la jeune fille, qui désignait l'endroit par où il s'était échappé, qu'elle s'informait de lui, et en même temps il comprit, à la façon dont on lui répondait, qu'on lui disait l'ignorer. « Oh! pensa-t-il en lui-même, on proscrit mon nom de la curiosité innocente de cette pauvre fille, parce qu'on est sans doute informé déjà qu'il y a un peu de sang français dans ses veines. » Sans doute il eut cette pensée; mais il n'en témoigna rien, ni par un regard de colère ni par un mot de mépris adressé à son compagnon; seulement il s'élança sur son cheval, et partit comme une flèche, en disant au domestique :

« Au palais, à Vienne ! »

Mais avec l'accent d'un homme qui eût crié : A la prison, à la torture, au cachot, à la tombe!

Le lendemain dans la salle gothique d'un vieux palais, quatre personnes étaient réunies; celle qui paraissait la plus importante était assise dans un fauteuil, le coude appuyé sur une table et la tête dans sa main ; une autre placée devant un bureau et parcourant attentivement des papiers, les deux autres debout devant la première. L'une de celles-ci était le compagnon du jeune homme; le vieillard qui était assis près de la table, car c'était un vieillard, releva la tête après un si long silence, et dit tristement :

« Vraiment, je ne sais plus quel parti prendre, monsieur le baron, et il désignait celui que nous connaissons déjà. M. le baron prétend qu'*il* a paru charmé de sa promenade d'hier, et vous dites, docteur, qu'*il* est aujourd'hui plus triste et plus accablé que jamais?

— C'est que l'on n'a pas fait, répondit le docteur, ce que j'avais demandé.

— Cependant, reprit le vieillard, il est libre, il sort à toute heure et va où il veut.

— Sans doute, ajouta le médecin, on a allongé la chaîne ; mais il la voit encore. Si l'on ne peut la briser, il faut du moins essayer de la lui cacher.

— Que peut-on faire de plus? dit le vieillard.

— Beaucoup, répondit le médecin; on peut le laisser seul, seul surtout dans ses promenades.

— Ce n'est pas convenable ! s'écria vivement le baron avec le courage désespéré d'un courtisan qui croit voir supprimer son emploi.

Est-ce prudent ? dit le vieillard en consultant du regard le silencieux personnage, qui feuilletait toujours des papiers, et qui fit semblant de n'avoir pas entendu ; est-ce prudent ? répéta-t-il avec un soupir.

— Je ne sais, répondit fermement le médecin, si cela est convenable et prudent, mais ce sera humain. Il faut qu'il ait la liberté de son ame comme de sa personne, ou il faut qu'il meure.

— Monsieur ! s'écria le vieillard en se levant soudainement et en parcourant la chambre avec rapidité, non, non, il ne faut pas qu'il meure ! lui aussi, mourir de prison et de captivité ! Je ne veux pas, je ne veux pas ! Ils diront ce qu'ils voudront ; on me blâmera, on me fera la guerre, n'importe ! Oh ! non, non, il ne faut pas qu'il meure ainsi ; c'est bien assez de..... »

Et il s'arrêta peut-être devant le nom qu'il allait prononcer, peut-être aussi devant le regard que leva sur lui l'homme qui lisait les dépêches du jour. Celui-ci, après un moment de silence, après avoir consulté sur la figure du vieillard la douleur qui l'agitait, dit d'un air de bonhomie compatissante :

« Mais tout peut s'arranger au gré du docteur. Puisqu'il croit cette liberté nécessaire à la santé de son malade, eh bien! le baron ne l'accompagnera plus ; il sortira seul et comme il voudra.

— Vous croyez que c'est possible? dit le vieillard.

— Oui vraiment, répondit l'homme aux papiers avec un sourire où un plus adroit eût deviné une restriction.

— Je vous remercie, dit le vieillard avec joie ; c'est encore un service que vous ajoutez à tant d'autres ; je vous remercie. » Puis il ajouta en se retournant vers le médecin : « Vous devez être content, docteur ; vous lui donnerez cette bonne nouvelle tout de suite, n'est-ce pas? »

Et tout aussitôt il sortit en saluant amicalement celui qui l'avait tiré d'embarras, et sans prendre garde à l'air consterné du baron ni au regard préoccupé du médecin. Dès que les autres acteurs de cette scène furent seuls, l'homme aux papiers dit sèchement :

« Eh bien, monsieur, vous pouvez aller faire ce que l'empereur vous a commandé. »

Le docteur le regarda fixement, et lui répondit avec un accent où on sentait qu'il mettait tout son courage :

« Monseigneur, par pitié, ne gâtez pas votre bienfait ! »

Celui à qui ces paroles s'adressaient congédia le médecin avec un regard de mécontentement hautain et un geste impératif, et il demeura seul avec le baron.

« Et moi, monseigneur ? » dit le courtisan, avec une piteuse figure de désespoir.

« Vous, lui répondit le ministre, avertissez le chef de la police que je l'attends à l'instant même. »

Dans cette conférence, rien ne fut convenu sans doute contre la liberté de notre jeune inconnu, dont le nom semblait si difficile à prononcer à tous ceux qui avaient à s'occuper de lui qu'ils s'entendaient aisément en employant, pour le désigner, cette tournure de phrase qui ne va qu'aux êtres qui tiennent une place à part dans les intérêts d'une vie. Ainsi le geôlier du masque de fer comprenait M. de Louvois, ainsi une femme entend suffisamment son amie intime à ces seuls mots : — Que fait-il aujourd'hui ? — l'avez-vous vu ? — parlez-moi de lui. En saine grammaire, ce pronom qui tient lieu d'un nom qui n'a pas été dit est une faute ; mais il est admirable comme éloquence d'un fait, car il montre à lui tout seul que ce nom qu'il remplace occupe si incessamment la pensée de chacun, qu'il est inutile de le prononcer pour en éveiller le souvenir. Donc, contre lui, contre le triste et beau jeune homme dont nous racontons cette histoire, rien n'avait été sans doute convenu, ou tout avait été si bien arrangé qu'à quelques jours de là, il était seul à cheval dans les environs de Kleusterneubourg, sans que rien pût faire soupçonner qu'il ne fût pas l'homme le plus indifférent du monde à l'inquiète police autrichienne. Cette fois, il était monté sur un souple et facile andalou dont il aimait à faire piaffer la superbe mollesse. Qu'il nous soit encore permis de faire à ce sujet une réflexion, de remarquer qu'il n'avait pas gardé son agile et vigoureux arabe. Disons même qu'il arrivait rarement qu'il se servît plusieurs fois de suite de l'un de ses chevaux. Ceci est une bien futile observation ; mais chez une vie stérile en événemens, comme ce n'est pas dans de grandes choses qu'on peut observer l'ame qu'on veut mettre à nu, c'est dans les moindres qu'il faut savoir en saisir l'intime disposition.

Dans l'humanité, il ne manque pas d'existences exilées de presque toutes les affections, de ce monde ; ainsi, le soldat, le pauvre, le marin. Parmi celles-là, il y en a quelques-unes à qui leur insouciance rend ces affections inutiles ; il y en a d'autres qui sentent le besoin de les remplacer par des attachemens bien misérables en apparence, mais qui prennent sur ces hommes tout le pouvoir des liens qui leur manquent. Ainsi, quelquefois le soldat aime son cheval, le pauvre son chien, le marin son vaisseau. Il y en a aussi dont l'orgueilleuse exigence ne veut rien parce qu'elle ne peut avoir tout. A ces ames, il faut le malheur tout entier de leur destinée. Pour elles, aimer quelque chose, si petite qu'elle soit, ce serait fournir une excuse au sort, ce serait donner à ceux qui ne cherchent qu'un prétexte à n'avoir ni remords ni pitié, le droit de dire à tout propos : Mais qu'a-t-il besoin de gloire, il passe tous ses jours à la chasse ? que lui servirait d'avoir un ami, il est heureux lorsqu'il monte son cheval de choix ? C'est pour cela, c'est parce qu'il savait qu'on épiait dans sa vie un sourire pour crier au bonheur, une préférence pour en faire une passion ; c'est pour cela qu'il s'était même interdit d'avoir une occupation favorite, un cheval, un chien, un meuble préféré. Il s'indignait de cette infâme prétention de lui remplacer par un jouet l'avenir qu'on lui avait arraché; il s'indignait bien plus de ce qu'on pût faire croire qu'il avait accepté l'échange.

Ce jour-là cependant il courait au soleil, livrant son ame et son corps à la liberté de la solitude, n'ayant point de comédie à jouer, car il n'était en spectacle à personne; maître d'être impatient ou rêveur à son gré, de s'agiter avec fureur ou de cheminer paisiblement selon la pensée qui l'occupait, de laisser tomber sa tête sur sa poitrine avec d'amers soupirs, ou de la relever au soleil avec de longues aspirations comme pour lui demander de l'air, de la chaleur, de la vie, de l'espoir. Sa promenade s'était passée de cette façon, et il en éprouvait un bien-être tout nouveau, tant le malheur et la jeunesse demandent peu à la vie pour en faire une joie puissante. Tout à coup, comme il rasait au galop la longue avenue d'un bois, il entendit un cri au détour d'une allée qui croisait celle où il se trouvait, et vit reculer épouvantée une jeune fille qui s'était presque jetée en courant sous les pieds de son cheval. Il s'arrêta pour s'excuser. Mais avec cette disposition habituelle de ne rencontrer qu'avec déplaisir tout être qui pouvait lui donner le nom qu'il portait et qu'il détestait, il fut vivement contrarié lorsque la jeune paysanne se prit à le considérer comme quelqu'un qu'on reconnaît, et qu'elle lui dit avec un doux sourire et une voix encore tremblante :

« Ah, mon Dieu ! que vous m'avez fait peur, monsieur ! »

Le regard de la jeune fille disait qu'elle le connaissait ; ce mot de monsieur pouvait faire croire qu'elle ne savait à qui elle parlait. Dans ce doute, il la regarda à son tour, et se rappela pour les avoir vus quelque part les traits charmans de cette belle enfant. Elle devina sa pensée, et, y répondant naïvement sans qu'il la lui eût dite, elle reprit :

« Vous ne me reconnaissez pas ? oh ! c'est mal, je vous reconnais bien, moi. »

Il y avait dans ces paroles et dans l'accent dont elles furent prononcées une si naïve coquetterie de femme, un si étrange et si libre reproche d'ingratitude pour avoir été si vite oubliée, que le jeune cavalier se prit à sourire, et qu'il lui répondit gracieusement :

« Sans doute, j'ai le tort de ne pas savoir qui vous êtes, mais je n'ai pas celui d'avoir oublié que j'ai déjà vu une si belle personne. »

La jeune fille devint toute rouge en souriant ; elle baissa les yeux. Puis, s'approchant doucement du cheval immobile, elle posa sa main sur la crinière, et relevant doucement sa tête et ses regards sur le jeune inconnu, elle lui dit comme avec amitié :

« Je suis votre danseuse de la fête de Kleusterneubourg. »

Sous un mouvement involontaire, le cheval se recula de deux pas, et la figure du maître se rembrunit soudainement. La pauvre paysanne en devint toute sérieuse. Elle demeura devant lui, droite et isolée; et lorsqu'il lui dit d'une voix grave et sévère :

« Ah! oui, vous êtes la fille d'une Française, n'est-ce pas? »

Elle lui répondit presque avec tristesse :
« Oui, monsieur.
— Vous êtes Hongroise ?
— Oui, monsieur. »

Mais ce souvenir exact de leur entretien, ce souvenir qu'il semblait qu'elle eût accepté avec joie un instant avant, ne lui fit pas relever ses yeux, qu'elle tenait humblement fixés à terre, tant elle éprouvait de surprise et de crainte de l'effet de ses premières paroles. Le jeune homme remarqua ce changement, et comme il n'avait point voulu blesser cette enfant ni repousser sa douce confiance, il crut devoir lui faire une question dont la réponse ramènerait la jolie causeuse à sa facile familiarité.

« Et vous vous promenez souvent dans ces bois ?

— J'y passe tous les jours à cette heure, mais je ne m'y promène pas, répondit-elle avec un léger mouvement de tête, comme fâchée de ce qu'après ne l'avoir pas reconnue on la soupçonnait encore d'une habitude de désœuvrement. J'y passe tous les jours pour aller à l'abbaye chercher des remèdes pour mon pauvre père, qui est malade. »

Cette réponse était bien simple, elle était l'expression bien ordinaire d'une circonstance bien ordinaire; mais il y a des êtres chez l'existence desquels toute parole éveille un écho de douleur : il y a aussi des hasards qui font qu'entre deux personnes qui ne se connaissent pas, aucun mot ne peut rester indifférent. C'est ce qui arriva de la réponse de la jeune fille. Elle jeta une sombre tristesse sur le front de celui qui l'écoutait, et comme elle se hasarda à le regarder, elle en fut toute saisie, tandis que lui, comme s'il se parlait à lui-même, et non pas à elle, répéta tristement :

« Vous allez chercher des remèdes pour votre pauvre père malade ?

— Oui... oui... monsieur... répondit-elle en le considérant attentivement.

— Pour votre père, continua-t-il en accentuant amèrement ses paroles sans pourtant élever la voix, pour votre père, que vous voyez tous les jours ! pour votre père, qui guérira.

— Je l'espère, dit-elle en levant les yeux au ciel.

— Eh bien ! reprit le jeune homme tout le visage ému et attendri, pardonnez-moi de vous avoir retardée d'une minute dans l'accomplissement de ce saint devoir. »

Et tout aussitôt il lança son cheval au galop en laissant la paysanne si stupéfaite de ce brusque départ, que lorsqu'il tourna dans la première allée qui s'offrit à lui, il la vit immobile à la place où il l'avait laissée, et le suivant attentivement des yeux.

Sans doute, cette rencontre ne laissa aucune trace ni aucun désir dans l'esprit préoccupé de cet être singulier, car, durant tous les jours qui la suivirent, il dirigea sa promenade de divers côtés, assez loin de cet endroit des environs de Vienne pour n'y pas repasser, assez près pour ne point paraître le fuir. Quelques semaines après, cependant, la solitude de cette forêt l'y ramena. La régularité avec laquelle il distribuait l'emploi de son temps fît que ce fut à la même heure. Comme il suivait la même avenue que la première fois, il entendit à l'angle de l'allée où il allait arriver la course d'une femme et sa respiration haletante. Il arrêta son cheval pour la laisser passer, mais celle qui courait s'arrêta aussi dès qu'elle fut près de lui, et lui dit avec cette facile naïveté d'un enfant de seize ans.

« Ah! j'étais bien sûre que c'était vous, quoique vous ayez un cheval gris au lieu de ce bel andalou noir que vous montiez l'autre jour.

— Vous m'avez donc vu de loin ?

— Oui, à travers les arbres, mais je n'étais pas bien sûre que ce fût vous, c'est pour ça que j'ai couru...

— Pour me voir ? » dit le jeune homme, à qui tant de douce franchise charmait le cœur.

La pauvre fille devint si confuse qu'une larme vint presque mouiller ses paupières baissées. Elle se tut, et lui, pour venir à son secours, faisant un effort sur son habitude de silence, lui dit :

« Et votre père, va-t-il mieux ?

— Oh! bien mieux ! dit la pauvre enfant avec une effusion de reconnaissance pour ce mot qui venait en aide à son trouble. Ce n'est pas une maladie, ce sont de vieilles blessures qui le font souffrir.

— Votre père a été militaire ?

— Oui, monsieur, jusqu'en 1815. »

On eût dit que chaque mot avait pour notre inconnu une signification à part. Ce mot de mil huit cent quinze le troubla, et il ajouta avec une expression sévère de dédain :

— « Et votre père est Hongrois ?

— Vous le savez bien, reprit-elle en s'approchant de lui.

— Adieu, adieu, lui cria-t-il rapidement, votre père vous attend !! »

Et il s'éloigna aussi brusquement que la première fois, mais sans retourner la tête, sans curiosité pour cette pauvre paysanne qui le regardait fuir.

Ce jour-là, il emporta assurément le souvenir de cette rencontre : mais ce fut sans doute avec cette indifférence qu'on a pour tout événement qu'on ne remarque que parce qu'il est répété. La vie de cet homme était si singulièrement posée, et lui-même s'en était fait un fantôme si redoutable, qu'il ne lui vint pas à la pensée que rien d'ordinaire pût y prendre place, ni de lui aux autres, ni des autres à lui-même. Cependant, lorsque deux jours après, en traversant le bois à la même heure et à la même place, il y trouva encore la jeune fille, il prit garde à ce hasard, et lorsqu'elle l'aborda, en lui disant avec curiosité :

« Vous n'êtes pas venu hier ? »

Il vit bien qu'il y avait une préoccupation formelle de cette jeune fille à son égard. Peut-être l'avait-elle espéré, peut-être attendu, et pour la première fois il ne sut pas mauvais gré à quelqu'un de s'enquérir de lui. Était-ce parce qu'il était assuré qu'elle ne le connaissait pas ? était-ce parce que cette franchise de curiosité, car il traduisait ainsi cette préoccupation, lui paraissait charmante, à lui qui vivait dans un monde où tout était apprêt et convention ? il serait bien difficile de l'expliquer, tant sont inappréciables sur le cœur les premières atteintes de la passion qui doit le pénétrer, comme sur le rocher les premières marques de la goutte d'eau qui le percera un jour. Cependant rien ne l'intéressait à cette rencontre, et s'il revint le lendemain, s'il revint plusieurs jours de suite, c'est que vraiment cette jeune fille avait raison lorsqu'elle lui disait que cette promenade était la plus belle des environs de Vienne. Ainsi se passa toute une semaine où à chaque jour ils s'arrêtèrent quelques minutes : mais rien de plus intime ne s'établit entre eux, si ce n'est l'habitude de se rencontrer. Seulement il avait appris qu'elle s'appelait Catherine, et son père Tillmann, et que sa santé se rétablissait tous les jours. Peut-être la moindre occupation imposée au jeune inconnu; le plus frivole accident arrivé à cette jeune fille eussent rompu cette habitude pour ne la laisser dans leur vie que comme un souvenir léger, sans émotion ni regret, si un mot qui eût pu être prononcé plus tôt n'eût réveillé ses soudaines réticences qui avaient rompu leurs premiers entretiens, et que Catherine ne remarquait déjà plus. Le jour que cela arriva, c'était un samedi, elle aborda le jeune cavalier avec une charmante mine de tristesse :

« Vous ne savez pas? lui dit-elle, je suis bien contrariée, il faut que j'aille me divertir demain.

— Comment cela? reprit le jeune homme en riant presque de sa phrase.

— C'est que Mme Apsberg, vous savez bien, celle que vous preniez pour ma mère, est venue m'inviter à la fête de son village, et mon père a consenti à m'y laisser aller.

— Eh bien? dit le jeune homme en souriant encore.

— Eh bien ! répliqua-t-elle, toute fâchée de ce qu'elle n'était pas comprise, eh bien ! si j'y vais, je ne pourrai pas venir demain. »

A tout autre âge qu'à vingt ans, pour un autre cœur que pour celui à qui ces paroles s'adressaient, elles eussent été un aveu complet d'un amour qui s'ignore. Mais lui n'avait jamais tant rêvé pour sa vie, et il lui suffit d'y croire un naïf intérêt à sa rencontre pour qu'il en fût reconnaissant ; et pour remercier cette enfant de cet innocent intérêt, il fit plus pour elle qu'il n'avait fait jusque là pour personne, il lui engagea une heure de son avenir, et lui répondit avec une douce complaisance :

« Eh bien ! ce sera pour lundi.

— Ah ! bien oui, dit-elle avec joie, pour lundi ; mais alors de bonne heure, n'est-ce pas? car j'ai bien des choses à vous dire.

— Oui, de bonne heure, » reprit-il avec un doux sourire de consentement ; et comme elle s'éloignait en lui souriant aussi : « Adieu, Catherine, lui dit-il.

— Adieu, monsieur... Puis elle s'arrêta, et revenant sur ses pas, elle ajouta avec son facile et habituel abandon : — Dites-moi donc votre nom ?

— Mon nom ! s'écria-t-il en tressaillant et en

jetant sur la jeune fille un regard désespéré ; mon nom ! ajouta-t-il en parcourant la forêt d'un regard encore plus terrible et farouche ; mon nom ! Puis il se tut, et après s'être laissé aller à une sorte de rire amer, il ajouta : Mon nom ! Je n'en ai pas. »

La jeune fille, à cette expression cruelle, à cette réponse inconcevable, se recula avec épouvante et le regarda presque comme un insensé, mais avec l'expression dévouée d'une ardente pitié; et lui, pendant ce temps, en voyant le résultat de ses paroles, en calculant que pour lui tout bonheur, de si petit prix qu'il fût, si caché qu'il pût être, avait à tout instant un danger de périr, une chance de se briser contre la fatalité de sa vie, lui-même se prit aussi en pitié : il prit en pitié cette douce habitude de s'oublier lui-même, qu'il avait contractée avec cette jeune fille, et qu'un mot venait de rompre si violemment, et il lui dit avec désespoir et en s'éloignant d'elle lentement.

« Ah ! pourquoi m'avez-vous demandé mon nom !

Ce jour-là ce ne fut pas paisiblement qu'il retourna à Vienne ; ce fut comme un condamné éveillé et qui a rêvé la vie, comme un prisonnier qui a touché la liberté. Alors, et sans pitié stérile, sans lâcheté pour lui-même, il examina sa probable destinée et se blâma impérieusement de l'avoir détournée un moment de ce régime d'abandon auquel il l'avait vouée depuis long-temps ; et ce blâme ne fut pas pour la douleur qu'il en éprouvait, car il l'accepta comme une leçon de prudence, mais pour celle qu'il allait causer ; car il était arrivé à s'interroger sérieusement sur ses rapports avec cette pauvre fille. Il repassa dans son esprit chaque geste, chaque mot de leurs entretiens, et il y reconnut enfin de l'amour, de l'amour qu'il allait désespérer et briser ; car, selon son ame, il devait le faire, il considérait comme un crime d'attacher une vie à la sienne par quelque lien que ce fût. Il se railla amèrement de s'être si maladroitement laissé aller à être heureux, se donnant cependant pour excuse qu'il ne s'en était pas aperçu, et qu'il n'avait pas au moins commis cette faute de s'en faire une espérance. Mais cette force qu'il avait contre lui, il ne l'avait pas contre Catherine, il la plaignait, voyant bien que tout était fini entre eux, du moins d'après sa propre résolution. Il n'avait pas douté un moment qu'il ne dût rompre ces entrevues, auxquelles il prenait tant de charme ; mais il ne savait comment le faire. Devait-il ne plus y retourner et laisser Catherine l'attendre, la pauvre fille? C'était brutalité et ingratitude. Fallait-il la revoir et lui dire un éternel adieu? Ceci semblait naturel et convenable : les prétextes ne manquaient pas à une absence, et cette attente de chaque jour, chaque jour déçue et plus affreuse que le désespoir décidé, ne resterait pas au moins au cœur de Catherine. Cette conduite était la seule à suivre, et ce fut cependant pour la première qu'il se décida. C'est qu'en agitant ainsi avec lui-même les plus intimes secrets de son cœur, il s'aperçut peut-être qu'il lui fallait moins de courage pour ne plus revoir Catherine que pour la revoir et la quitter. Aussi il se résolut à dire en son ame un éternel adieu à ces heures sans nuage qui avaient éclairé sa vie. Le lendemain il était inébranlable dans sa résolution, et le jour du rendez-vous venu, il le passa à Vienne chez lui, pour qu'aucun hasard ne le jetât à cette rencontre, jusqu'à l'heure où il savait bien que Catherine était rentrée depuis long-temps. Alors il monta à cheval, et sûr d'être seul au coin de cette avenue dont le souvenir devait lui rester, comme au cœur d'un homme perdu sur la mer celui d'une terre où il pouvait aborder, apparue un moment et disparue aussitôt, il alla vers le bois accoutumé, mais si lentement que la nuit était presque close quand il y pénétra, mais bien assuré qu'à l'endroit désert maintenant qu'il allait chercher, rien ne manquerait, à quelque heure qu'il arrivât. Rien n'y manquait véritablement, rien, pas même Catherine, qui, dès qu'elle l'aperçut au bout de l'allée, agita son mouchoir ; et lui, honteux et ravi, emporté par un remords ou par un désir, précipita vers elle le vol de son cheval, et dès qu'il put l'entendre :

« Mon Dieu ! lui dit-elle, comme vous venez tard !

— Vous m'attendiez ! s'écria-t-il.

— Depuis ce matin, reprit-elle vivement ; et j'avais tant de choses à vous dire ! maintenant je ne puis plus, car mon père m'attend, sans doute. Il me croit morte peut-être ! ! ! Mais demain !

Demain ! dit le jeune homme avec incertitude.

— Il le faut bien, puisque je ne puis vous parler. Ah ! dit-elle avec un singulier mouvement de désespoir, c'est que nous allons avoir beaucoup à souffrir. »

Ce mot, si franchement échappé, et qui montrait sans détour leurs existences intimement liées dans l'ame de la jeune fille ; ce mot pénétra vivement dans le cœur du jeune homme ; il lui fit venir aux yeux des larmes de tristesse et de joie; mais un reste de sa sévère résolution résistait encore en lui-même, et lui inspira de chercher à refuser ce rendez-vous.

« Mais demain! dit-il en hésitant, demain! je ne sais...

— Oh! s'écria-t-elle en l'interrompant, demain je pourrai attendre, je m'arrangerai pour attendre. Je vous attendrai tant qu'il le faudra. »

Et aussitôt elle s'enfuit avant qu'il eût pu lui répondre, s'il en eût eu la force ou la volonté.

Le lendemain il était le premier au rendez-vous. C'est que dans toutes choses de ce monde, il y a une heure fatale où elles se serrent ou se dénouent à jamais. Ainsi, que la journée de la veille se fût tout entière passée sans revoir Catherine, et c'en était fait pour ne plus la revoir ; mais il l'avait revue, et c'en était fait aussi, mais pour qu'il la revît sans cesse. Et maintenant qu'après s'être laissé mener à son insu par le naïf entraînement de cette enfant dans une voie d'amour, il prenait le parti d'y marcher de sa volonté, il lui convenait d'y être le premier. Cette longue attente de la veille, qu'il avait sans le vouloir imposée à cette jeune fille, et qui lui avait valu l'aveu palpitant de son innocente adoration, cette attente qu'un habile séducteur n'eût pas plus heureusement calculée, il eût trouvé coupable de la renouveler : il y eût eu mensonge de son amour du moment qu'il se mettait de moitié dans les espérances de la jeune fille, il vint donc le premier. Elle ne l'en remercia pas plus qu'elle ne lui avait reproché son retard de la veille. Cette enfant, qui se donnait si entièrement à la tyrannie d'un sentiment qu'elle ne comprenait pas, n'avait pas songé un instant que celui qui en était l'objet pût faire moins qu'elle ne faisait; et s'il venait de bonne heure ce jour-là comme il était venu tard la veille, c'était sans doute parce qu'il n'avait pu faire autrement. Pour la première fois, il était descendu de cheval, et marchait à grands pas dans l'allée par où elle devait arriver. Elle s'arrêta de loin, car elle ne le reconnut pas ainsi. Il y a dans toutes les choses qui se gravent dans la mémoire ou le cœur un certain aspect sous lequel on les adopte; c'est celui qui survit dans l'ame à travers les changemens que le temps ou les habitudes amènent à leur suite, c'est celui sous lequel on rêve à une personne, celui sous lequel on l'attend ; et souvent il faut quelque réflexion pour nous avertir qu'une circonstance a dû le changer. Ainsi pour Catherine, cet homme à pied, à la taille haute et élancée, et marchant activement, ne fut pas dès l'abord celui qu'elle attendait; mais à l'instant même elle revint de sa surprise, et accourut.

« Eh bien ! lui dit-elle en l'abordant, mon père est guéri tout-à-fait, je ne vais plus avoir de prétextes pour sortir ; comment ferons-nous pour nous voir ? »

Devait-il répondre : Eh bien ! nous ne nous reverrons plus ? Qui oserait dans un conte d'imagination prêter à un cœur de vingt ans cette froide et misérable réponse ? Qui pourrait en lisant cette histoire véritable blâmer celui qui ne se sentit pas la force de la faire ? et d'ailleurs, c'était une puissance dont il est difficile de se faire une idée que celle de cette jeune fille avançant à l'étourdie dans une passion sérieuse, et entraînant avec elle celui qu'elle aimait, bien plus rapidement que n'eût fait le manége de la plus adroite coquette ; car déjà elle avait établi entre eux toutes les exigences d'une complicité de cœur, toutes les conséquences de ces mots : Je vous aime, vous m'aimez ! nous devons nous revoir à tout prix ! et cela sans que ces mots eussent été véritablement prononcés ; peut-être y avait-il aussi dans le naïf abandon de cette jeune fille une force étrangère dont plus tard le dénouement de cette aventure nous expliquera le secret. Cependant le jeune homme se taisait, n'osant offrir aucun moyen ou craignant même d'en chercher. Elle se taisait aussi ; mais rassemblant pour les lui proposer toutes les précautions qu'elle avait imaginées.

« Voici à quoi j'ai pensé, lui dit-elle : avant que mon père ne fût malade, il avait coutume de sortir tous les soirs et de ne rentrer que bien avant dans la nuit. Depuis quelques jours qu'il peut travailler, il a repris cette habitude, et voilà maintenant les seules heures où je puisse être libre. L'êtes-vous aussi ?

— Libre ! reprit le jeune homme avec un sourire rêveur ; moi, libre ! Puis il sembla secouer la pensée qui l'attristait, et il ajouta, en regardant Catherine avec amour : Je le serai du moins pour vous !

— Eh bien ! reprit-elle vivement, le soir, après sept heures je pourrai me trouver, non pas ici, car à ce moment les paysans passent par cette avenue pour rentrer au village, mais un peu plus loin, là-bas, dans un taillis écarté où ne pénètre jamais personne. Venez, je vais vous le montrer. »

A ce moment elle passa son bras dans celui du jeune homme et l'entraîna doucement; tandis que lui, la dominant de sa taille élevée, et penchant vers elle son front et ses yeux mélancoliques, ne put s'empêcher de lui dire avec une profonde émotion :

« Ah ! Catherine, que vous êtes bonne ! »

Il ne lui eût pas dit davantage en lui prononçant les véritables mots de sa pensée : Oh ! Catherine, que je vous aime ! Et peut-être alors l'eût-il alarmée sur ce qu'elle faisait ; mais déjà il avait besoin de cet amour, il en comprenait toute l'innocence et il le ménageait avec ce sûr instinct du cœur dont la délicatesse est un mystère même pour celui qui la met dans ses actions. Ils arrivèrent ainsi à cet endroit choisi, si bien choisi, si parfaitement examiné, qu'elle lui détailla en un moment comment on pouvait y arriver de tous côtés sans être vu du dehors, et en sortir de même, et comment on y pouvait aisément observer ceux qui en approchaient. Puis, quand tout fut dit sur ce sujet, ils revinrent en silence vers l'endroit qu'ils avaient quitté. Pourquoi ce silence et que devaient-ils se dire le lendemain qu'ils ne pussent se le confier tout de suite ? Rien sans doute. Mais leur existence si calme, ce changement de quelques heures et de quelques pas était comme une grande résolution pour laquelle ils réservaient une conversation particulière, et leur retenue à ce moment était comme un mystérieux rendez-vous pris de cœur à cœur pour ne parler que le lendemain. Ils en étaient là de leur émotion lorsque, revenu à l'allée accoutumée, le jeune homme vit près de son cheval, qu'il avait attaché à un arbre, un officier qui paraissait l'attendre. A cet aspect, le visage du jeune homme se couvrit d'une vive rougeur ; mais le regard hautain qu'il jeta sur cet officier laissait voir suffisamment que ce n'était pas pour lui qu'il rougissait.

« Monseigneur ! » dit l'officier. Mais un signe impératif l'avertit que ce titre était maladroitement placé en cette circonstance, et le jeune homme prenant brusquement la parole, s'écria :

« Eh bien ! que me voulez-vous, monsieur ? » L'officier reprit sans se troubler, et en faisant pour ainsi dire servir le titre indiscret dont il s'était servi à déguiser sa maladresse :

« Monseigneur l'archiduc Charles vous attend, monsieur.

— Mons... Et en voyant le regard curieux dont Catherine les écoutait, l'inconnu supprima aussi le mot qu'il allait prononcer et se hâta d'ajouter avec un empressement bienveillant : « Eh bien ! monsieur, dans une heure je serai près de lui. Je vous remercie. » L'officier s'inclina profondément et s'éloigna au galop. Le jeune homme se retourna vers Catherine qui le considérait avec un étonnement alarmé, et qui lui dit avec un soupir :

« J'ai cru que c'était vous qu'il appelait monseigneur !

— Et cela vous étonnait, sans doute ?

— Je ne sais pas; mais je suis bien aise que ce ne soit pas vous.

— Vous avez entendu que ce n'était pas moi ?

— Oui, oui, vraiment. Cependant vous êtes un seigneur de la cour, » ajouta-t-elle sans perdre la timidité qui avait remplacé sa douce confiance. Le jeune homme sourit doucement, tant cette crainte le charmait, et il répondit :

« Un seigneur de la cour ? Pas précisément cela...

— Un officier de l'archiduc, n'est-ce pas ? dit Catherine en reprenant un peu de hardiesse.

— Oui... à peu près.

— Mais pas un officier très élevé, n'est-ce

pas? Vous n'êtes pas colonel? Vous n'êtes pas major? Vous êtes.....

— Sous-lieutenant, peut-être? dit le jeune homme en lui souriant.

—Oui, c'est cela, reprit-elle vivement, sous-lieutenant!... Je m'en doutais bien. »

Et lui, devinant qu'elle l'avait ainsi placé dans son ame, qu'elle l'avait ainsi rapproché d'elle, et avait mis sa vie à la portée de la sienne pour pouvoir plus aisément rêver à une chance d'être aimée, lui n'osa pas lui dire le contraire; et comme il se taisait, il fut bien établi entre eux qu'il était sous-lieutenant attaché à l'archiduc Charles; et ils allaient se séparer sans se rien dire de plus lorsqu'elle s'écria vivement:

« Mais comment a-t-on su que vous étiez ici? »

Cette observation frappa le jeune homme d'une cruelle surprise; il regarda un moment autour de lui avec une expression de vive indignation, et il reprit en réfléchissant soudainement:

« Comment l'ont-ils su, en effet?

— Vous en avez parlé à quelqu'un? lui dit Catherine, comme si elle lui rappelait une indiscrétion passée, mais qu'il ne commettrait plus maintenant.

— A quelqu'un? répéta-t-il; ai-je quelqu'un

à qui parler de vous, à qui parler de moi? lui répondant ainsi comme si elle savait le secret de sa vie, comme si elle pouvait le comprendre ; puis il ajouta : Mais, vous-même ?

Moi ! dit-elle en baissant les yeux, moi ! je l'ai caché même à mon père ; et si mon confesseur le sait, si je lui ai avoué que je vous rencontrais tous les jours, c'est parce qu'il m'a demandé si je n'aimais pas quelqu'un. »

Et la pauvre enfant était si honteuse et lui si préoccupé qu'ils ne s'aperçurent ni l'un ni l'autre de l'aveu complet que renfermaient ces paroles.

« Mais vous ne lui avez pas dit mon nom ! s'écria-t-il vivement.

— Votre nom ! reprit-elle en baissant les yeux tristement, votre nom !

— Ah ! vous avez raison, dit-il en se rappelant qu'elle n'avait pas même un nom à répéter dans ses rêves, un nom à invoquer dans ses tristesses ; vous avez raison, il faut que je retourne à Vienne ; que je sache qui m'a trahi. Adieu, Catherine ! Et comme il s'éloignait sans la regarder, elle se prit à pleurer, et lui dit avec un sanglot :

— Adieu, monsieur. »

Il se retourna, vit les larmes qui descendaient

à larges gouttes sur sa figure triste, et lui répondit tendrement :

« A demain. »

Un sourire de joie traversa les larmes de la jeune fille. Ce fut toute sa réponse, et elle le regarda s'éloigner, joyeuse et tout d'un coup débarrassée, par cet espoir de le voir le lendemain, des craintes qui la tourmentaient un instant avant. Le jeune homme au contraire, les emportait avec lui. Il cherchait à découvrir par quel espionnage si adroit et si inaperçu on avait trouvé si précisément l'endroit de ses rendez-vous. Il éprouvait une vive irritation de cette surveillance à laquelle il croyait avoir échappé, non pas en ce qu'elle était une tyrannie politique, comme autrefois, mais parce qu'elle blessait sans commisération la pudeur de son amour. Peu à peu toutes les douleurs de sa position se réveillèrent en lui, et il discutait dans sa pensée s'il reverrait jamais Catherine, lorsqu'il entra chez l'archiduc Charles. L'idée qu'on pouvait raconter quelque chose de lui, l'idée qu'on pouvait l'approuver ou le blâmer lui était insupportable, et il frémit de rage à la supposition qu'on en pouvait causer frivolement comme d'une nouvelle de salon, ou qu'on en pouvait rire entre soi. Jeter son nom à la curiosité et à la raillerie de tous ces courtisans qu'il méprisait, mieux valait, selon lui, fuir Catherine, ne plus la revoir ; et peut-être il eût pris cette résolution désespérée si un seul mot de l'archiduc Charles lui eût laissé entendre qu'on savait son secret. Ce fut avec cette pensée qu'il l'aborda.

« Mon enfant, lui dit l'archiduc, je vous ai fait appeler pour vous donner un avis.

— Je suis prêt à le recevoir, répondit le jeune homme avec quelque réserve.

— Écoutez-moi bien, et ne voyez dans mes paroles aucun désir de vous pousser à entreprendre ce qui n'entrerait point dans vos desseins, ni de vous détourner de ce que vous auriez entrepris. Il y a des choses dans les affaires de ce monde pour lesquelles on ne doit consulter que soi-même, et lorsqu'on est arrivé à l'heure de jouer sa destinée, personne, selon mon avis, n'a le droit d'influencer par un conseil la résolution que l'on veut prendre ; c'est une responsabilité que la tendresse la plus profonde ne peut et ne doit pas encourir : or, mon enfant, écoutez ce que je vais vous raconter. Je vous le dis comme un marin qui arrive à terre et qui raconte qu'il a vu un rocher redoutable à tel endroit de la mer, sans savoir si celui qui l'écoute a l'intention ou non de s'embarquer. »

Les précautions de l'archiduc, l'émotion solennelle qui perçait en lui, malgré ses efforts pour paraître calme, étonnèrent le jeune homme, et changèrent son humeur en attention sérieuse. L'archiduc continua.

« Un homme a sollicité mon audience ce matin; je l'ai fait introduire. Dès que nous avons été seuls il m'a remis un papier écrit que j'ai lu attentivement. Lorsque j'en ai eu fini la lecture, il s'est approché et m'a dit : « Je m'appelle...
— Je n'ai rien lu, » lui ai-je dit; et, l'interrompant aussitôt : « Je ne veux pas savoir votre nom. » Il m'a regardé en silence, puis il a repris son papier, et m'a répondu : « C'est juste, c'est à un autre que je dois m'adresser; » et il est sorti. Cet autre, mon enfant, c'est vous.

— Moi ? s'écria le jeune homme étonné.

— Vous. Ce qu'enfermait ce papier, vous le devinez aisément. Rien n'est fini en France, et peut-être que de vieux et vaillans amis....

— Ah ! s'écria le jeune homme avec une joie admirable, avec une joie qui vibrait convulsivement dans son regard et sur son front où s'épanouissaient de hautaines espérances. Ah ! des Français !

— Peut-être aussi... des intrigans subalternes... »

Un second cri, mais de funeste désespoir, interrompit encore l'archiduc, qui s'épouvanta également de l'extrême de ces deux émotions, et se hâta d'ajouter :

« Mon enfant, mon enfant, j'en ai plus dit que je ne voulais. A ma place je ne puis avoir d'opinion; tout m'est interdit, si ce n'est de vous aimer et de vous avertir. Lorsque cet homme est sorti je l'ai vu, à travers cette fenêtre, traverser la cour de ce palais. Il y a rencontré un homme avec lequel il a causé un moment. Cet homme est un moine de Kleusterneubourg, cet homme est une créature de M***. Vos fréquentes absences m'alarmaient : j'en ignore l'objet; mais je vous devais cet avis, je vous l'ai donné le plus tôt que j'ai pu.

— Et je ne vous demande plus rien, répondit tristement le jeune homme, et comprends que je ne puis rien vous dire. L'avenir n'a que deux issues pour moi, la tombe ou la France; et qui sait si c'est moi qui pourrai choisir. »

Alors l'enfant et le vieillard se quittèrent. Mais cette conversation avait repoussé bien loin le souvenir de Catherine; elle préoccupa longuement l'esprit du jeune homme; mais à force d'y penser, il se souvint comment elle était arrivée, et il reconnut qu'elle n'avait aucun rapport avec ses rendez-vous habituels, et que si l'officier de l'archiduc l'avait si bien rencontré, il avait été guidé ou par le hasard ou par quelque indice fortuit. Ce fut dans ce choc de mille pensées si dissemblables que s'écoula pour lui cette journée et celle du lendemain.

Deux jours après, un entretien de tout autre genre avait lieu entre le baron et le ministre silencieux dont nous avons parlé au commencement de cette histoire. Le baron s'était fait annoncer de grand matin chez le ministre, qu'il trouva déjà occupé au travail, ce qui n'étonna pas médiocrement le courtisan, qui s'était fait du pouvoir une idée d'oisiveté et de repos chèrement rétribués. Le baron aborda le ministre avec une importance si prodigieusement mystérieuse que celui-ci perdit une bonne seconde à le regarder; puis, baissant la voix et hochant la tête avec gravité :

« Eh bien ! monseigneur ? fit le baron.

— Eh bien ! monsieur ? reprit le ministre.

— Eh bien ! il est sorti hier à sept heures et n'est rentré qu'à une heure dans la nuit. »

Tout Allemand que fût le ministre, il ne put pas s'empêcher de rire au nez du baron; et celui-ci, qui avait apporté sa confidence en hâte et comme une nouvelle d'état qui intéressait le monde dans ses quatre parties, en la voyant ainsi cavalièrement accueillie, ne put pas non plus s'empêcher de croire un moment ou que les facultés du vieux ministre baissaient, ou qu'il préparait une guerre générale, ou même qu'il trahissait. Une seule pensée ne lui vint pas, c'est qu'il était un sot, et qu'on se moquait de lui. Mais un sot est toujours un malheur en toutes choses ; un sot dérange les plus habiles combinaisons des plus fins politiques ; un sot évente un projet qu'il ne sait pas ; un sot vous tue en jouant avec l'arme qui tremblerait peut-être dans la main d'un assassin ; un sot vous attire dans les filets de son imbécillité, et y prend votre secret, que vous vous seriez bien gardé de confier à un individu capable de le comprendre. Et voici comment cela arriva entre le ministre habile et le courtisan idiot.

« Eh bien ! dit le ministre, il est sorti hier soir, et il sortira ce soir, et demain, et tous les jours. »

Aucun homme n'a une grande finesse sans une grande vanité. Cette vanité a deux manières de s'exercer. Vis-à-vis des hommes rusés elle est discrète et patiente, et elle attend du succès des événemens que la finesse prépare le jour du triomphe, assurée qu'est la vanité que la finesse sera dignement comprise. Vis-à-vis d'un sot, au contraire, elle n'a rien à espérer de sa pénétration, ni avant ni après les événemens; alors elle devient imprudente, elle laisse échapper quelque chose de ses calculs pour se faire apprécier, et si la sottise est dure à percer, elle va jusqu'à se trahir; elle met les points sur les *i* à l'admiration qu'elle demande, et elle se laisse aller à dire :

« Eh bien ! ne faut-il pas que chaque chose ait son cours ? Après les rendez-vous de jour, les rendez-vous de nuit : c'est l'histoire de tous les amours ; et faut-il s'en alarmer, surtout quand la belle est une enfant bien innocente, qui s'accuse régulièrement de tout ce qu'elle fait à son confesseur, qui se confesse à nous ? »

Et quand le sot reste béant de surprise et d'admiration à une pareille confidence, on ajoute à sa joie celle de lui dire :

« Ah ! mon pauvre baron, vous n'êtes qu'un enfant.

—Merci, monseigneur, » dit celui-ci qui se retire et qu'on a congédié d'un geste de mépris amical.

Grand merci, en effet, diplomate rusé qui

viens de mettre dans la main d'un gauche courtisan le poignard qui n'eût pas blessé dans la tienne ; grand merci, en effet, voici une vie perdue à un jeu de vanité! Est-ce donc une prévision sans raison que celle de grands malheurs pour une si légère faute? Les événemens vont répondre. Que si l'on peut remarquer qu'ils sont empreints d'une fatalité inconcevable, on sera forcé de reconnaître que c'est le moment que nous venons de raconter qui leur donna toute cette fatalité.

Trois mois après en effet le jeune homme inconnu à Catherine, car il ne l'a pas été un moment à nos lecteurs, ce jeune homme dont nous n'osons écrire le nom dans ce frivole récit, tant il nous semble qu'il devait contenir de place dans l'histoire, ce jeune homme et Catherine étaient seuls dans le bois, la nuit était sombre. Comme il arrivait à peine, elle s'approcha de lui, mais lentement, mais sans se jeter dans ses bras avec effusion, et elle lui dit solennellement :

« Il faut que je vous parle ce soir.

—Catherine, qu'as-tu à me dire? je t'écoute. Tu es triste, tu te tais ; mais, mon Dieu, qu'as-tu donc ?

—Je voudrais vous parler, mais pas ici.

—Dans la maison de mon père.

—Dans la maison de ton père, enfant ? Pourquoi dans la maison de ton père ? Je ne te comprends pas.

—Là vous me comprendrez. »

Une singulière émotion agita à ce moment l'ame de ce jeune homme. Ce n'était point crainte assurément ni pour ses jours, ni de quelque piége qu'on voulait lui tendre ; mais il lui sembla qu'en pénétrant dans cette maison il outrageait plus sensiblement le père qui en était le maître. Dans un espace illimité, sous le ciel, à l'ombre des arbres, dans le silence et la solitude, son amour pour Catherine s'était pour ainsi dire exhalé sans que rien lui renvoyât au cœur comme un remords ; mais dans cette maison chaque mur devait avoir un écho, chaque objet un langage qui lui répéteraient : Ici il y a un vieillard trompé, une confiance trahie; un nom déshonoré.

« Oh ! parle-moi ici, dit-il avec tristesse ; ici où nous sommes seuls.

— Non, là, reprit-elle avec fermeté et résignation ; là, là, je t'en supplie !

— Viens donc ! » s'écria-t-il en baissant la tête, comme un homme qui ne veut pas reculer dans la voie où il s'est engagé.

Elle le prit par la main, et ils marchèrent silencieusement vers la maison. Ils entrèrent. D'abord c'était une salle basse où veillait, pour les attendre, un flambeau allumé. Rien de remarquable que sa propreté parfaite, cette sainte dignité de la misère. Catherine prit le flambeau et marcha la première. Elle monta un petit escalier et ouvrit une porte. C'était sans doute la chambre de la jeune fille où elle voulait l'introduire, et il ne put s'empêcher d'y jeter ce regard rapide et curieux qui anime chaque objet aperçu de l'emploi auquel il est destiné, et qui le lie à une action, à un mouvement de la femme qu'on aime. Mais ce n'était pas la chambre d'une femme. Une paire d'épées pendues au mur, des pistolets et un fusil accrochés au fond du lit, un large sabre soigneusement étalé sur une console, quelques cartes de géographie sur une table, des livres épars, des papiers longuement écrits et raturés, un uniforme mal caché sous un rideau : c'était la chambre d'un homme, celle de Tillmann, celle du père de Catherine. Le jeune homme regarda la jeune fille avec surprise, puis il regarda encore cette chambre, comme pour deviner le motif qu'avait Catherine de l'y conduire. Elle aussi le regarda long-temps en silence, jusqu'à ce que les larmes vinssent troubler ses regards. Puis elle les essuya soudainement, et au soupir qui s'exhala de sa poitrine il put deviner qu'elle se décidait à exécuter ce qu'elle avait résolu.

« Écoute, lui dit-elle, regarde bien et comprends-moi. Tu vois ces armes, ces pistolets, ces deux épées : tout cela te dit que c'est ici la chambre d'un vieux soldat, d'un homme qui estime peu la vie pour la vie. Mais ce soldat est Hongrois, un de ces fiers et superbes sujets de l'Autriche qui, n'ayant plus de patrie, en ont cherché une dans l'honneur; un de ces pauvres Hongrois qui, n'ayant pas de richesses, ont fait de leur nom tout leur patrimoine ! Ne baisse pas ainsi les yeux, tu ne le connais pas, ce n'est pas à toi qu'il avait confié son trésor, ce n'est pas toi qui l'as dissipé, tu ne l'as pas trahi : mais il faut que tu le connaisses. »

A ces mots elle écarta le rideau qui cachait l'uniforme qu'il avait à peine aperçu.

« Regarde, lui dit-elle, ceci n'est point l'habit d'un simple et obscur soldat cependant; ceci est l'habit d'un officier, d'un capitaine, d'un gentilhomme, mais non pas d'un capitaine et d'un gentilhomme comme il s'en trouve, qui traînent dans les antichambres des princes : c'est un gentilhomme de haute race, un capitaine de guerre et de combat, un homme qui a été nommé brave par le grand brave des Français. Regarde, en voici le titre solennel. »

Et elle détacha quelque chose qui pendait au chevet du lit, et elle le remit au jeune homme, qui, poussant un cri et tombant à genoux se prit à suffoquer de larmes et de sanglots en pressant cet objet sur ses lèvres ; et elle continua :

« C'est une croix de l'empereur Napoléon, qui la lui donna à Smolensk, quand l'Autriche comme la Prusse lui fournissait des armées. Vois, c'est une croix de l'empereur Napoléon ; et maintenant que tu vois que mon père est un officier comme toi, un gentilhomme comme toi, dis-moi quel nom je donnerai à l'enfant que je porte dans mon sein ? »

Le jeune homme se releva à ce mot, et le moment qui le suivit eut un caractère de folie et de désordre qui épouvanta Catherine.

« Ton enfant ! s'écria-t-il avec des yeux effarés, ton père, le mien ! Ah ! misérable, misérable ! »

Puis il se prenait à pleurer avec désespoir. Il meurtrissait son front sous ses doigts, il comprimait avec fureur sa poitrine qui éclatait en sanglots, si bien que la pauvre enfant fut obligée de le consoler, si bien que ce fut elle, la malheureuse, qui lui dit en se mettant à genoux :

« Eh bien ! pardonne-moi. »

Il la releva.

« Demain, lui dit-il, je te reverrai, je te dirai tout, je te sauverai. »

Donnèrent-ils tous deux le même sens à ces paroles ? ce n'est pas probable ; cependant quand il quitta Catherine, elle était pleine de joie et d'espérance.

Le lendemain de grand matin il se leva et fit appeler le docteur. La nuit qu'il venait de passer avait été si cruellement agitée qu'il était encore plus pâle que d'ordinaire; ses yeux flambaient de fièvre dans leur orbite cernée et bleuâtre ; une agitation nerveuse faisait trembler tout son corps. Le docteur s'avança rapidement.

« Vous souffrez ! lui dit-il avec intérêt.

— Non, ce n'est rien, ne vous alarmez pas, Nous en parlerons plus tard. J'ai autre chose à vous dire. »

Puis il se promena activement dans l'appartement. Après ce silence, pendant lequel il semblait résumer tout ce qu'il avait arrêté dans son esprit, il se plaça en face du docteur et lui dit:

« Docteur, j'ai besoin d'un ami ; voulez-vous, être le mien ? »

Le médecin accepta en mettant la main sur son cœur, et en prononçant d'une voix étouffée :

« Oui. »

Le jeune homme lui tendit la main, que le médecin saisit avec transport et la pressa dans les siennes, en laissant échapper quelques larmes.

Eh bien, dit le jeune homme, puisque vous voilà mon ami, j'ai un service à vous demander ; mais, écoutez-moi bien, un service qu'on ne peut demander qu'à un ami bien dévoué ou à un serviteur qu'on méprise.

— Monseigneur, dit le docteur, vous venez de me donner un titre, qui justifie tous les services ; je vous écoute. »

A ce moment le jeune homme parut embarrassé. On voyait qu'il ne savait trop comment aborder sa confidence. Cependant il reprit bientôt :

« Ce que vous venez de me dire, docteur, change un peu les choses. Peut-être vous demanderai-je plus qu'un service : vous me donnerez vos conseils.

— J'y suis tout prêt, reprit le docteur.

— Eh bien ! ajouta le jeune homme avec effort, il s'agit de sauver une femme, un ange de beauté et de candeur, une pauvre fille dont j'ai perdu la vie. »

Comme en parlant ainsi le jeune homme marchait vivement, il ne s'était pas aperçu qu'à son premier mot le médecin avait subitement baissé les yeux; il n'avait pas vu non plus un sourire de triste pitié glisser sur ses lèvres. Mais comme il ne lui répondait pas il s'arrêta devant lui et ajouta lentement :

« Cela vous étonne, docteur ?

—Non, monseigneur, répondit tristement celui-ci.

—Cela vous semble donc dangereux ?

Le docteur le regarda à son tour et ajouta, avec une expression mal déguisée de dédain :

« Cela n'est pas dangereux assurément.

—Alors, cela vous déplaît assurément, dit le jeune homme. Eh bien ! n'en parlons plus.

—Monseigneur, reprit le docteur avec dignité, commandez, j'obéirai à vos ordres.

—Docteur, lui dit le jeune homme affectueusement, ce n'est pas ainsi que je l'entendais avec vous. Je croyais avoir affaire à un ami.

—Et c'est parce que je veux mériter ce titre

qu'en cette circonstance je ne dois exécuter que vos ordres.

—Je ne vous comprends pas; expliquez-vous, de grâce.

—Si je n'étais que votre ami, je m'expliquerais; mais j'ai une autre mission qui me le défend. Cependant je suis prêt, vous dis-je, à vous obéir.

—Ah! vous vous jouez de moi, docteur, de moi! Je ne vous dirai pas que cela est sans pitié, à vous, à vous à qui j'en avais cru un peu dans le cœur.

Le médecin sentit des larmes venir à ses yeux; mais il les comprima, et le jeune homme reprit hautainement :

— Allons, monsieur, allons; je chercherai des complaisans à défaut d'amis.

— Je l'aime mieux ainsi, dit le médecin en s'éloignant et après avoir salué profondément.

Le jeune homme le suivit de l'œil. Jamais il ne s'était confié à cet homme, mais il croyait l'avoir compris, et dans le fond de son cœur il l'avait pour ainsi dire réservé pour la première occasion de sa vie où il aurait besoin d'un absolu dévouement. C'était encore une déception, une déception affreuse : trop heureux cependant si c'eût été la seule de cette fatale journée ! Après quelques soupirs amers où sembla s'exhaler la première amertume de sa douleur, le jeune homme passa vivement la main sur son front, comme pour en écarter la pensée qui l'absorbait. Il sonna et fit demander le baron par le domestique qui se présenta. N'ayant plus à compter sur un dévouement, il s'adressa à la plus servile obéissance.

— Monsieur, dit-il au baron dès qu'il fut entré, vous me trouverez dans Vienne une maison petite, isolée; vous la louerez, vous la ferez meubler convenablement.

— Pour une femme? reprit le baron avec un gros sourire de finesse.

Le jeune homme le regarda fixement, mais cette question ne l'étonna pas, car il n'y supposa d'abord que l'admirable pénétration de la complaisance. Mais, pour en rester là, le baron portait depuis trop long-temps en lui un secret dont il avait à peine parlé à quelques intimes pour les écraser de sa supériorité, de son importance, et leur faire mesurer la confiance qu'on avait en sa discrétion; ce secret dont on ne lui avait dit d'abord que les premiers mots, il en avait successivement découvert ou appris tous les détails; ce secret enfin lui pesait trop pour qu'il résistât au besoin d'en laisser voir quelque chose. Il lui donnait d'ailleurs accès auprès de cet homme auquel il était attaché, et dont la réserve l'avait toujours tenu à distance. La faute du ministre porta ses fruits.

— Pour une femme en effet, dit le jeune homme.

— Et pour la location de cette maison, dit le baron en croyant admirablement servir les projets de celui qui lui donnait ses ordres, pour cette location il n'est pas convenable que je donne le nom de Votre Altesse. Puis il ajouta, toujours avec son air stupide d'intelligence : Et il ne serait pas prudent sans doute de donner celui de Catherine Tillmann.

— Catherine Tillmann ! s'écria le jeune homme; vous savez ce nom, monsieur, vous? Qui vous l'a dit, comment l'avez-vous appris ?

Le baron stupéfait et épouvanté balbutia quelques mots inintelligibles; mais le jeune homme exaspéré reprit violemment :

— Répondez, répondez, monsieur : par quel infâme espionnage avez-vous appris ce nom? Mais répondez-donc, misérable !

— Monseigneur, reprit le baron, fier d'être faussement accusé d'une lâcheté qu'il n'avait pas commise, parce qu'on ne la lui avait pas confiée, monseigneur, c'est à M. de..... à répondre à vos questions.

— Lui ! s'écria le jeune homme. Ah ! lui. Puis après un moment de silence terrible : Sortez, dit-il au baron, sortez. Et dès qu'il fut seul il s'écria en se jetant sur un fauteuil : Ah ! c'est infâme.

Oh ! pour tout homme jeune et aux sentimens purs et élevés, l'idée qu'on a espionné son ame, écouté ses soupirs, surpris ces momens d'extase ou de faiblesse, ces doux enivremens, ces enfantillages du cœur qui sont la vie de l'amour, oh ! c'est infâme, c'est atroce en effet ! mais ce coup, si épouvantable qu'il fût, n'était pas le plus terrible qui dût le briser ce jour-là. Comme il était assis, la tête penchée avec désespoir, il entendit un léger bruit et vit le docteur devant lui, le regardant avec une profonde expression de douleur.

« Ah ! s'écria le jeune homme en se tournant vers lui, vous le saviez, docteur, et vous ne me l'aviez pas dit ; et cependant vous êtes mon ami !

— Oui, dit le docteur, l'ami devait le dire, mais le médecin ne le pouvait pas. Comment vous révéler, sans craindre l'état affreux où vous êtes, que la jeune fille, que l'enfant dans laquelle vous aviez mis toutes vos joies de ce monde, était vendue à un lâche métier d'espionnage, dont un prêtre était l'émissaire ? »

Le coup fatal était porté, car voilà ce qu'était devenue la confidence de M. de..... en passant par la bouche du baron. Le jeune homme poussa un cri, et prenant les mains du docteur dans les siennes il lui cria, en le dévorant du regard :

« Elle, Catherine ! »

Alors le paroxisme de la douleur fut porté à une effrayante énergie. Elle, Catherine ! criait-il sans cesse; elle, Catherine ! comme pour chasser de sa poitrine un charbon qui le brûlait, une main de fer qui le tordait. Elle, Catherine ! Puis il courait, il s'arrêtait; il criait encore, mais sans parler. Il jetait autour de lui des regards effrayans, et quand la force de ce corps fut brisée à tant souffrir, il s'affaissa lentement, et le docteur n'entendit plus qu'un râle convulsif que le malheureux poussait encore en se roulant par terre.

Le médecin appela du secours, on plaça l'infortuné sur un lit, et ce ne fut qu'après une heure de soins qu'il revint à lui. Il regarda d'un œil étonné ceux qui l'entouraient. Le docteur, ne voulant pas qu'ils fussent témoins du premier moment où ses souvenirs, en faisant une nouvelle irruption dans son cœur, le briseraient encore, le docteur les éloigna. Le jeune homme le remercia par un sourire, et lui dit, dès qu'ils furent seuls :

— Je suis fort, docteur! c'est fini. Pensons à autre chose. Il faut que je sorte.

— Vous n'en avez pas la force.

— J'en ai besoin, dit le jeune homme en se levant, et j'en trouverai la force. Il faut que je sorte, vous-dis-je.

— Où voulez-vous donc aller ?

— Oh! s'écria le jeune homme, pas là! Il y a dans l'ame d'un ami trahi, d'un homme indignement trompé par une femme, des reproches inutiles peut-être, indignes souvent; mais enfin celui qui est abandonné peut se plaindre, il peut pleurer, il peut accuser. C'est le désespoir qui parle à l'oubli. Mais de moi à cette femme, qu'y a-t-il? rien. Que comprendrait-elle, ou que lui dirais-je? Il n'y a ni colère, ni reproches possibles entre nous. Du jour qu'elle a accepté son métier, elle était si bas descendue que ce serait folie et ignominie de l'aller chercher où elle est. Non, je veux sortir pour ne pas être ici, pour respirer, pour voir autre chose que cette chambre. Oh! ne craignez rien, vous viendrez avec moi; nous parlerons de mille choses que j'ai oubliées, de sciences, d'études, du monde, de tout; ce sera bien. »

Le docteur sentit qu'il fallait livrer passage à toutes ces furieuses pensées qui s'animaient dans le cœur du jeune homme. Ils sortirent ensemble en voiture, ils parcoururent les environs de Vienne, et rentrèrent à la nuit tombante. Le commencement de la promenade fut assez calme, la conversation s'engageait, loin du sujet qui occupait tout entier l'esprit et le cœur de ces deux hommes; cependant elle avait un caractère de fermeté calme qui faisait espérer au docteur que l'énergie de cette ame dominerait bientôt son désespoir. Mais quand l'heure du rendez-vous habituel approcha, la parole du jeune homme devint incandescente : il n'écoutait plus, il parlait, il parlait avec obstination, il débordait; c'étaient de hardis sophismes sur toutes les questions qui lui venaient à la parole, des jugemens rapides sur le mérite des plus grands hommes, des moqueries cruelles sur les ridicules des salons, des appréciations sublimes sur la politique des états, et tout cela jeté à pleines mains, pêle-mêle, audacieusement, plus en un moment que dans toute sa vie, plus qu'aucun homme ne pouvait en supposer dans cette existence silencieuse. Ils étaient rentrés, et le docteur voyant avec quelle rage il s'animait ainsi de toutes les autres pensées de son ame pour en étouffer une seule, le laissait aller et se fatiguer à son gré, comptant sur l'épuisement et la lassitude pour les éteindre toutes, lorsqu'un domestique entra et parla tout bas au docteur. Il s'agissait d'un homme qui, depuis quelque temps, venait obstinément tous les soirs pour demander son maître, et qui n'avait pu encore le rencontrer. Le médecin ne fut pas fâché de donner une occupation, frivole sans doute, en aide à cette profusion d'efforts inutiles pour oublier l'heure, et il ordonna qu'on le fît entrer. C'était un homme de cinquante ans, pâle et maigre, l'air sombre et sévère; il remit au jeune homme un papier qu'il tira de son sein. Celui-ci le lut : mais loin de le calmer dans sa fougue ou de l'en distraire comme l'avait espéré le docteur, il sembla que ce fut un nouvel éperon à cette exaspération déjà si loin poussée. Pendant la lecture, une joie sauvage éclaira sa figure, ses narines se gonflèrent avec un frémissement superbe, et après l'avoir achevée il s'écria dans une sorte de délire irrésistible :

— « Eh bien, oui ! c'est cela, au fait. Le plan en est admirable. Moi seul et mon épée. La France, c'est ma mère, c'est ma terre d'Antée; en la touchant, je deviendrai géant. La France ne peut vouloir ce qu'elle a, la France a besoin de gloire, de force, d'étendue ; elle est en prison comme moi, elle a la même soif que moi. J'irai, j'irai. Nous nous verrons face à face ! et si je me suis trompé, eh bien ! un coup de fusil au cœur, et ce sera fini. Mais Sainte-Hélène avant Marengo, avant Austerlitz, avant Montmirail, non ! c'est absurde, c'est infâme ! Nous verrons. »

Et le docteur et l'étranger, tous deux stupéfaits, l'écoutaient religieusement et le regardaient allant et venant avec des gestes emportés, terribles, décisifs. Enfin, il s'arrêta devant l'étranger et lui dit :

« Votre nom, monsieur ?

— Le capitaine Tillmann. »

Lorsqu'une machine à feu est lancée à son plus haut degré de chaleur, quand la chaudière bouillonne et exalte l'eau à une puissance deux mille fois supérieure à son volume ; à ce moment, qu'il tombe quelques gouttes d'eau glacée dans le tube où s'amoncellent toutes ces forces, et soudain la vapeur s'affaisse, elle se condense, elle devient impuissante, et la terrible machine n'est plus qu'un corps inerte. Ce fut l'effet que produisit le nom de cet homme sur l'ame bouillante et dilatée de ce jeune homme. Il devint pâle et froid.

« Le capitaine Tillmann, » répéta-t-il.

Et le temps de prononcer ce mot suffit à cet esprit de feu pour se rappeler son entretien avec l'archiduc, l'avertissement de celui-ci, les rapports de cet homme avec un moine de Kleusterneubourg, de ce moine avec Catherine. Il vit ce père vendu, lui et sa fille, à la surveillance de sa vie : toutes les menées de cette intrigue convergèrent au même but ; il crut deviner enfin l'infâme espionnage auquel cet homme ajoutait la provocation : il se sentit frappé au cœur de mort et de désespoir, et il n'eut d'autre force que de regarder ce misérable en laissant échapper quelques exclamations sans suite, jusqu'à ce qu'enfin il tomba anéanti sur le parquet.

Tillmann se retira, Tillmann, que le docteur avait chassé et maudit, Tillmann épouvanté de ce qu'il avait vu et qu'il ne pouvait comprendre, et qui regagna tristement sa demeure.

Une espérance dont il était le dépositaire et qui venait de se briser dans ses mains, cette espérance l'avait jusque là soutenu, jusque là occupé au point qu'il ne prenait garde à rien de ce qui se passait près de lui. Ce soir-là il rentra bien avant l'heure accoutumée. Dans la salle basse il trouva un flambeau allumé ; ce n'était pas l'ordre habituel de la maison. Il pensa que

Catherine l'avait oublié en allant se coucher. Il monta l'escalier sans autre pensée; mais il vit la porte de la chambre de sa fille ouverte; ce n'était pas non plus la coutume. Il s'étonne et y jette un regard, elle était déserte. Catherine sortie, Catherine sortie à cette heure ! Le malheur appelle le malheur. Tillmann conçoit des soupçons, il parcourt toute la maison, appelle Catherine, et sort à son tour. Mais les soupçons avaient grandi de minute en minute. Il sort, mais en sortant il s'arme d'une épée, car il sort non plus pour chercher sa fille, mais pour la surprendre; aussi ne l'appelle-t-il pas : il marche dans l'ombre, en silence, écoutant le moindre bruit se glissant le long des arbres. Enfin au bord d'une allée, il voit se détacher une ombre blanche sur le fond noir de la forêt: cette ombre était immobile. Le vêtement d'un homme pouvait se perdre dans l'obscurité; il y pense et prend un long détour, et, comme un tigre qui tourne sa proie, il arrive sans bruit à quelques pas de cette ombre. C'était une femme, mais elle était seule, appuyée contre un arbre, la tête pendant sur sa poitrine, ses bras pendant le long de son corps. Il doute que ce soit Catherine, il s'avance pour s'en assurer; elle relève la tête, et se jetant à lui elle lui dit avec un cri :

« Enfin, c'est toi!

— Non, ce n'est pas lui! répond Tillmann en la prenant par le bras.

— Oh! s'écria-t-elle en tombant à genoux, vous l'avez tué!

— Pas encore, répondit-il avec une colère terrible, mais il viendra. »

Mais l'amour et le désespoir inspirant Catherine pour le salut de celui qu'elle aimait, mieux que ne l'eût fait la plus profonde réflexion, elle se releva en s'écriant :

« Et il ne viendra pas, car il m'abandonne.

— Tu mens! cria le capitaine, tu mens! »

Cette pauvre fille, qui croyait véritablement mentir, la malheureuse, Catherine tomba dans les sanglots et les larmes; alors commença la scène terrible d'un père outragé et de sa fille coupable : scène vulgaire et épouvantable où tonnent les malédictions et les reproches, où les larmes se versent à flots, où la prière se traîne à genoux, où un père tient son épée levée sur la tête de son enfant pour la tuer, où il ne le peut pas, et où il finit par se venger en la chassant du toit paternel qu'elle a déshonoré. Et Tillmann eût chassé Catherine, s'il n'avait rêvé une autre vengeance avant celle-là, et si, lorsqu'il lui demanda le nom de son séducteur pour le tuer, elle ne lui avait pas simplement répondu : « Je ne le sais pas ! »

Il crut que ce mot était une insolente dérision ; mais lorsqu'elle lui dit courageusement : « Si je le savais, je ne vous le dirais pas, ce n'est pas la peine de mentir ; mais je ne le sais pas ! » il prit sans doute une autre résolution, et, sans s'arrêter à la singularité de cette circonstance, il lui dit seulement : « Eh bien, je le saurai, moi ! » Puis il demeura à cette place, elle assise par terre, lui marchant à grands pas, tous deux silencieux, tous deux immobiles, sous une pluie fine et glacée ; et la nuit se passa ainsi, et quand le jour fut venu sans que personne fût venu, Tillmann fit lever sa fille et la ramena sans une parole dans cette maison désolée et où il n'y avait plus d'espérance ni de consolation pour le vieillard.

Les jours qui suivirent celui-ci se passèrent tous de même. Chaque soir le capitaine sortait armé ; il allait à cette place où il supposait que les rendez-vous avaient lieu ; il attendait durant la moitié de la nuit, puis il rentrait. Pendant ce temps, Catherine attendait aussi ; mais ce n'était plus celui qu'elle aimait, c'était son père qu'elle attendait, son père qui la tenait enfermée ; et dès qu'il paraissait, elle lui jetait ses regards au visage, et comme elle le voyait toujours sombre et triste, elle se réjouissait, devinant alors qu'il n'avait pas rencontré celui qu'il cherchait, qu'il ne s'était pas vengé. Ensuite, lorsqu'elle s'était ainsi rassurée, elle demeurait seule, et alors un autre désespoir prenait la place du premier. A la fin de l'anxiété qui la torturait pendant l'absence de son père, elle s'écriait en son ame : Grâce au ciel, il n'est pas venu ! Et lorsque l'heure était passée, elle se demandait : Pourquoi n'est-il pas venu ? Alors c'était le désespoir de l'abandon, de la fille perdue, de la maîtresse trompée; c'était la lâcheté de celui qu'elle avait aimé la délaissant à l'heure du danger, la méprisant peut-être, qui lui tordait encore le cœur : et tout cela sans pouvoir rien éclaircir, espérance ni douleur ; c'était trop, si cela eût duré, pour ne pas en devenir folle ou en mourir. Un événement qu'elle et son père croyaient en apparence bien étranger à leur douleur lui donna un tout autre cours, et amena la fatale explication de ce drame obscur.

Un matin un homme se présenta chez Tillmann ; celui-ci, après avoir échangé quelques signes avec lui, ordonna à sa fille de se retirer. Catherine obéit ; mais comme il lui semblait que rien ne pouvait exister au monde qui ne touchât son amour, elle voulut savoir pourquoi cet homme était venu. Elle écouta. Un nom fut d'abord prononcé, un nom qu'elle avait souvent surpris dans les espérances politiques de son père; l'étranger ajouta :

« Décidément tout est fini ! le mal est incurable, on désespère de sa vie. Nos réunions ne seraient plus que des imprudences inutiles, il faut y renoncer. Quelques-uns d'entre nous pensent même qu'il serait prudent de quitter l'Autriche; il est possible, d'après quelques indices, que le gouvernement n'ignore pas nos projets; il est possible aussi que tant que le lionceau a été dangereux et à craindre pour les autres, il ait feint de ne pas connaître ceux qui avaient dessein d'ouvrir la cage : mais une fois mort, peut-être aussi s'empressera-t-il de les sacrifier pour s'en faire un mérite vis-à-vis de ses alliés.

— Cela se peut, dit Tillmann, et je crois que vous agissez prudemment; mais moi je ne puis partir. Quoi qu'il en arrive, ce sera comme si j'étais parti ou mort, nous ne nous connaissons plus.

Catherine n'en écouta pas davantage; d'abord elle avait tremblé à l'idée de quitter Vienne, elle tremblait maintenant de la persévérance de

Tillmann qui refusait de s'en éloigner. Tout le reste du jour il parut plus sombre et plus soucieux qu'à l'ordinaire; le soir il enferma sa fille comme il faisait toujours, sortit de même, et, le milieu de la nuit venu, il rentra de même sombre et soucieux. Elle vit bien qu'il n'avait rien trouvé; elle se leva pour monter chez elle, il se leva aussi, alla fermer la porte, et lui fit signe de s'asseoir : c'était la première explication depuis la scène du bois. Elle pria dans son cœur pour elle et son enfant, et elle espéra de lui la vie qu'elle devait lui donner.

« Catherine, lui dit son père, votre amant sait-il votre état? »

Elle ne le comprit pas. Tillmann, forcé d'articuler des paroles qui le brûlaient pour ainsi dire au passage, ajouta brusquement :

« Sait-il que vous êtes grosse ?

— Vous le savez! s'écria Catherine sans répondre à la question de son père. Celui-ci, la mesurant du geste, lui répondit avec mépris :

— Regardez-vous! elle baissa les yeux et rougit. Noble pudeur qui se fit jour à travers tant de souffrances, pureté dans le crime, virginité de l'âme dans la souillure du corps ! Tillmann ajouta : Et maintenant répondez à ma question : le savait-il ?

— Il le savait, dit Catherine.

— Il le savait, et il n'est pas revenu ! Ah ! c'est plus qu'un infâme, c'est un monstre ! c'est un père qui abandonne son enfant ! »

Pauvre père qui parlait ainsi, et dont l'enfant attendait de lui sa condamnation ! Pauvre père qui comprenait si haut l'amour paternel et la colère paternelle, qu'il devait souffrir ! Catherine aussi, qui n'osa pas même excuser son amant dans son cœur ! Tillmann, reprenant la parole, lui dit alors :

« Catherine, il ne faut pas que cela soit ! Écoute, écoute-moi ; c'est ton père qui s'engage à toi, qui te donne sa parole de soldat ; c'est ton père qui fait sa cause de la tienne, qui ne voit plus que ton malheur, qui renonce à se venger pour te venger, qui te jure de l'épargner s'il le mérite, qui te demande le nom de cet homme pour le donner à ton enfant ! »

Catherine se mit à genoux, brisée au cœur de ce terrible pardon auquel elle ne pouvait rien rendre en retour, car il lui fallut encore répondre :

« Mon père, je ne le sais pas ! »

Tillmann ne pouvait comprendre cette ignorance, et Catherine ne voulant pas avoir ce tort aux yeux de son père, de lui mentir après un si touchant appel, Catherine lui raconta comment elle était restée dans l'ignorance de ce nom ; et dans son récit elle se laissa aller à lui dire le peu qu'elle savait, que son amant était un officier, qu'il était sans doute attaché à l'archiduc Charles ; et pendant ce temps, son père l'écoutait attentivement, il prenait note en son esprit de chaque parole, et lorsqu'elle eut fini, il répondit :

« Eh bien ! nous le trouverons ; cela suffit pour le trouver. »

A partir de ce jour, commença pour Tillmann et sa fille une autre existence. Chaque jour ils partaient de grand matin pour Vienne ; là, dans les églises où se rendaient les plus hauts seigneurs de la cour, au Prater, où défilait la longue caravane de tous les équipages de la ville, aux revues où assistaient les officiers de la garnison, partout enfin où il y avait une espérance de découvrir cet inconnu, partout Tillmann et sa fille, constans, attentifs, passaient les longues heures de leur journée, jusqu'à ce qu'enfin la nuit les renvoyât dans leur demeure, tristes et désespérés. Dans cette longue et douloureuse perquisition, la résolution de chacun demeura-t-elle inébranlable dans leur ame ? Tillmann se trouva-t-il toujours le courage de ne pas tuer sur-le-champ le lâche qui avait séduit et abandonné sa fille ? Catherine ne pensa-t-elle pas quelquefois à se taire si elle le rencontrait ? Qui sait, et qu'importe ? Tous les jours ils allaient et revenaient dans un affreux silence; tous les jours à leur désespoir habituel s'ajoutait une déception de plus. Enfin, c'en était fait : déjà l'état de Catherine lui rendait ces voyages pénibles, ces longues attentes plus pénibles encore; depuis quelques jours ils étaient demeurés chez eux. Un soir, un soir encore que Tillmann avait parcouru toute la forêt avec ce vague espoir qui, après avoir perdu toute chance raisonnable, en demande une au hasard, à une impossibilité, ce soir-là Tillmann monta dans la chambre de Catherine, où elle veillait dans son lit, trop malade de corps pour se tenir debout, trop malade de cœur pour dormir.

« Catherine, lui dit son père, une chance nous reste, la dernière, la seule pour laquelle je te demande encore de la force et du courage. Demain, il y a à Vienne une cérémonie, une triste et fatale cérémonie, où tout ce que l'Autriche renferme d'officiers et de seigneurs assistera certainement; il faut que tu y viennes.

—J'irai, » répondit Catherine, sans demander où on la mènerait; car que lui importait, à elle qui ne cherchait qu'un objet au monde pour le voir et mourir, que ce fût dans une fête ou dans une assemblée funèbre, dans une salle d'opéra ou dans une église ?

Ils partirent donc. Arrivés à Vienne au point du jour, ils se présentèrent à la grille d'un palais où beaucoup de peuple se pressait comme eux. Comme lui, ils attendirent que cette grille fût ouverte. Alors ils pénétrèrent avec les flots de ce peuple dans une vaste cour, et puis dans de riches appartemens, mais avec calme et lenteur. Chacun voulait voir, et chacun cependant n'apportait pas à ce désir l'empressement d'une curiosité. Tillmann et sa fille, en traversant tous ces salons à la porte desquels veillaient des soldats magnifiques, les considéraient un moment, puis passaient. Tillmann regardait sa fille comme s'il la soupçonnait de vouloir lui cacher la vérité, mais assuré de la lire à l'émotion de son visage, si elle se présentait un seul moment. Ils arrivèrent ainsi jusqu'à une porte ouverte à deux battans. Cette porte donnait entrée dans une chambre sombrement tendue, soigneusement fermée, éclairée, malgré le soleil, d'une innombrable quantité de flambeaux. Catherine était si dépourvue d'espoir, tellement brisée de corps, qu'elle y arriva sans rien remarquer ; elle vit à travers la porte qui était en avant, elle vit, sans y rien comprendre, défiler au pied d'une estrade des officiers, la tête basse, et qui saluaient en passant. Son cœur et son visage restaient immobiles, lorsque tout à coup parut l'archiduc. A ce moment, la pensée que celui qu'elle cherchait pouvait se trouver parmi les officiers de sa suite la rendit attentive; et lorsqu'elle vit le vieillard, cet homme si haut placé, qui marchait avec accablement et qui pleurait sur ses rides, elle prit, malgré elle, intérêt à cette digne douleur, et lorsque arrivé au pied de l'estrade il se courba, ramassa une branche bénite, et en jeta l'eau sur le lit qui était devant lui, elle suivit son mouvement, et soudain, avec une force surhumaine, elle écarta deux hommes qui la gênaient pour voir, et dressée sur la pointe de ses pieds, le cou tendu, l'œil ouvert à fendre les paupières, la bouche béante, sans cri ni respiration, elle montra quelque chose à son père. Il regarda où elle montrait, et vit le pâle visage du cadavre qui dormait sur son lit d'honneur.

« Lui ! cria-t-il en se dressant comme elle de toute sa hauteur.

—Lui ! » répondit-elle en se rompant comme une corde trop tendue et en tombant à ses pieds.

On les entoura, on transporta la jeune fille dans une chambre voisine, et comme elle paraissait mourante, on appela un médecin. C'était le docteur. Il reconnut Tillmann et voulut sortir. Son devoir l'emporta sur son horreur, et il demeura près de Catherine. Bientôt il y demeura seul avec son père, et là, le cœur plein de la mort qui gisait à côté, il reprocha à Tillmann son infamie, son espionnage assassin, sa détestable ignominie, la vente impudique de sa fille, et après tous ces crimes inouïs un crime plus inouï encore, leur hideuse curiosité. A tous ces reproches Tillmann répondit comme un homme qui donne sa tête pour gage de ses paroles : — Sa fille s'était confessée peut-être; mais assurément c'était le prêtre qui avait vendu la confession. Catherine ne savait même pas le nom de son amant. Il avait, lui, Tillmann, abordé, en sortant de chez l'archiduc, le moine de Kleusterneubourg ; mais ce moine, qui était le confesseur de Catherine, était celui qui lui avait fait l'aumône des remèdes qui l'avaient guéri. Tout devint horriblement clair, et il ne resta plus entre eux que le désespoir et les larmes qu'ils versèrent comme deux hommes qui osent pleurer en face l'un de l'autre, pleurant sur une mort aussi fatalement arrivée, pleurant sur l'épouvantable douleur de cette existence éteinte dans la pensée d'une trahison, pleurant sur ce cœur à qui le destin avait fait une affreuse torture de la seule joie qu'il eût essuyée, pleurant et désolés à ce point que, si l'ame d'un homme devait souffrir au ciel des douleurs de la terre, il y eût eu l'un de ces deux hommes qui se fût dévoué pour aller lui dire le secret de cette horrible histoire.

Puis enfin, Catherine, arrachée à son anéantissement, rouvrit les yeux à la lumière et son ame au désespoir, et comme elle cherchait le regard irrité de son père, elle le vit triste et plein de pitié : et le pauvre capitaine, s'approchant d'elle, lui dit doucement :

« Catherine, ton enfant sera le mien, et il portera le nom de son père, qui n'eût pas pu le lui donner.

— Vous le savez donc ? s'écria-t-elle.

— Oui, répondit-il, nous l'appellerons Napoléon. »

LE RÊVE DE VILLEBOIS.

Le Rêve de Villebois.

Il y a une foule de questions qui probablement demeureront à tout jamais dans la discussion humaine, et avant toutes les questions de savoir : si la civilisation rend la société plus morale ou plus immorale que la barbarie, bien que *ou* ne paraisse qu'une question de fait. Toutefois pour la résoudre ou plutôt pour la discuter, il faudrait d'abord s'entendre sur les mots, c'est-à-dire bien arrêter ce que veut dire civilisation et barbarie, morale et non morale. Cela est si vrai, qu'on pourrait démontrer que presque toutes les querelles qui divisent les hommes ne sont que des disputes de mots, de simples logomachies : aussi je pense qu'un excellent vocabulaire polyglotte préviendrait peut-être bien des guerres de peuple à peuple, et qu'un parfait dictionnaire français eût peut-être empêché beaucoup de révolutions internes. Aujourd'hui, par exemple, si gouvernans et gouvernés s'entendaient bien sur la juste valeur du mot liberté, la moitié des obstacles qui entravent notre marche disparaîtrait. Quand on sera bien convaincu de cette vérité, nous n'aurons plus besoin de chambre des pairs en habit-robe, de chambre des députés où tout s'amende surtout la conscience; l'Académie Française sera le premier corps de l'État, son Dictionnaire le livre des livres, et l'on ne se moquera plus des quarante immortels. Rêves impossibles d'une ame pure, quand vous accomplirez-vous? Palais de l'Institut, quand seras-tu quelque chose de plus qu'une succursale des caveaux du Panthéon?

Toutefois sans vouloir aller au devant de l'avenir, cherchons si le temps passé comparé au temps actuel, ne nous fournirait pas quelques lumières pour la solution de la question que je me suis posée plus haut. Pour ma part et après y avoir longuement réfléchi, la civilisation me paraît une manière particulière d'être homme, c'est-à-dire d'être dominé le plus souvent par les mauvaises passions, mais elle ne me semble nullement un perfectionnement de l'espèce, pas plus au moral qu'au physique.

Ainsi, à l'époque où nous vivons, nous ne sommes plus sous l'empire de certains préjugés qui nous font horreur, mais nous avons démoli la moitié des bons sentimens qui honorent l'humanité. Le fanatisme a disparu, mais un dégradant athéisme l'a remplacé; la liberté civile a grandi, mais tout lien de famille s'est rompu. Certes on tue moins sur les grandes routes et le long des lisières des forêts; mais personne n'ouvre plus sa porte à l'étranger qui passe, et ne lui offre plus le toit, le pain et le sel. On envahit beaucoup moins l'héritage de son voisin à main armée; mais on l'escroque beaucoup plus par faux en écritures publiques et privées. On n'enlève plus les filles et les vassales pour en user selon son droit, mais vous avez des sociétés de débauchés qui flagellent les femmes et les marquent de la pointe du couteau; les jaloux du douzième siècle l'enfonçaient tout-à-fait, nos jaloux à gants jaunes ont calculé l'épaisseur de l'épiderme qu'on peut arracher sans risquer de se commettre avec le bourreau. Si cela s'appelle de la civilisation, c'est que cela s'appelle de la civilisation, voilà tout; reste à savoir ce que veut dire civilisation :

Jamais a-t-on fait si bon marché de son honneur qu'à l'époque où nous sommes, et cela sous quelque aspect qu'on prenne ce mot à mille faces ? Honneur politique, voyez; honneur commercial, voyez; honneur de famille, voyez. Quand on désire avoir une conscience, c'est pour pouvoir la vendre ; car il y en a de si misérables, qu'ils n'ont même plus cela à brocanter. De tous les honneurs celui qui semble le plus oublié, c'est celui du nom ; l'individualisme est arrivé à ce degré qu'on se désintéresse à son aise de la vie de ses proches ; on fait plus, on profite de leur déshonneur, quand cela rapporte. Tout cela tient à certaines idées dites de progrès, mais qui ne sont que des manières différentes de considérer les choses.

Ce n'est pas que nous combattions ces idées comme mauvaises, bien au contraire, mais nous ne les admettons pas comme bonnes; voilà tout. L'humanité a détruit les bases de morale et de sociabilité sur lesquelles elle a vécu durant des milliers d'années ; elle veut en avoir de nouvelles; y est-elle arrivée? nous ne le croyons pas. Nous lui demanderons donc la permission de lui raconter l'histoire qui va suivre, et nous prierons sa nouvelle moralité de ne pas s'en offusquer plus qu'il ne convient pour ce qu'on doit garder de pudeur apparente. Nous osons même espérer que la plupart de nos lecteurs trouveront qu'en cette affaire, Pierre-le-Grand agit très judicieusement et qu'ils n'eussent pas fait autrement que lui.

Car c'est Pierre-le-Grand qui est notre héros. Pierre-le-Grand, celui de tous les grands hommes qui a le plus fourni à la littérature de sujets de romans, de drames, de vaudevilles et d'opéras comiques. Qu'on nous le pardonne donc, et Dieu fasse que nous ne rencontrions pas des lecteurs de cette secte littéraire qui exclut de tout intérêt dramatique certaines régions du globe, et certaines générations de l'espèce humaine.

Ainsi il s'en trouve qui se meurent d'ennui dès qu'on leur parle d'un sujet persan, d'autres d'un sujet russe. Tout directeur de théâtre à qui vous offrez une pièce vous demande de prime abord, l'époque, le costume et le pays. Ce sont les premières conditions de la valeur d'un drame. Si je vous disais que je n'ai point fait un drame de cette aventure de Pierre-le-Grand, que je n'en ai fait ni une tragédie ni un vaudeville, parce que je n'ai pas trouvé un seul directeur de théâtre qui voulût jouer un sujet russe, vous ririez de l'invention, et cependant ce serait la simple vérité. Voici ce que l'on m'a répondu : Pierre-le-Grand, héros usé; Catherine, usée : costume à fourrure, par conséquent pièce insupportable à jouer en été. Refusée. — Toutefois, comme j'ai deux amis qui s'appellent, l'un Auguste Arnould, et l'autre Fournier, qui ont encore dernièrement fait un excellent roman avec mondit sieur Pierre-le-Grand, je me risque et je commence.

C'était à Pétersbourg, ou plutôt parmi les commencemens de cette ville impériale, qui menace aujourd'hui de devenir la souveraine du monde, dans une espèce de hutte en planches couverte de chaume, et d'où la fumée s'échappait à travers les ais mal joints de la porte; parmi les chants d'une douzaine de rustres, un homme se tenait seul, silencieux, et caché dans un coin. Il était assis, le dos appuyé à la muraille : sur une table placée devant lui, était une mesure de vin, le seul peut-être qu'il y eût dans tout le bouge. Cet homme regardait cette mesure avec une attention impatiente; quelquefois il étendait la main jusqu'à l'anse de fer dont elle était ornée, mais il s'arrêtait presque aussitôt, et jetait un regard vers la porte d'entrée. Cet homme attendait quelqu'un qui ne venait pas, et avant l'arrivée duquel, il n'osait ou ne voulait pas entamer la mesure : la tentation était sans doute bien forte, car il essaya de tous les moyens pour y échapper : il siffla une foule d'airs, il battit le tambour sur la table, il glissa sa grande canne entre les jambes du cabaretier, au moment où celui-ci passait devant lui, et le fit tomber par terre : il ajusta de plusieurs façons sa cravate à rabat, et jura tous les jurons que la langue française pût lui fournir.

Cet homme, à le considérer de près, devait être cependant un mauvais buveur, une figure maigre, des yeux d'un bleu tendre, enfoncés sous des sourcils protubérans et pâles, des cheveux blonds et bien peignés, des lèvres épaisses et qui annonçaient la bonté, un air chétif, quelque chose de souffrant et de résigné; enfin, rien, ni de ces trognes superbes, qui suent le vin par tous les pores, ni de ces grandes figures hâves, flasques et pendantes comme des ventres vides, et qui appellent la pinte à les remplir.

Contre l'ordinaire des gens du pays, tous coiffés de bonnets fourrés, il portait un chapeau en feutre orné de plumes, comme les Français de ce siècle; et contre l'ordinaire des Français, au lieu d'une épée transversale au bas de la taille, il avait au côté un large coutelas, et à la ceinture un poignard persan et une paire des pistolets.

Cependant les jurons grossissaient de minute en minute; deux fois déjà, l'impatient avait décoiffé son broc, et l'avait penché vers son gobelet, et deux fois il l'avait repoussé en jurant, mais non plus contre celui qu'il attendait, mais contre lui-même, contre sa propre couardise qui l'empêchait de se verser à boire et de se satisfaire; il s'injuriait en gromelant entre ses dents et avec un léger accent gascon : imbécile!! poltron!! gueux!!

Puis un moment après il supprimait ses exclamations; et sa physionomie reprenait quelque chose de noble; on eût pu y lire une sorte de haute pitié pour lui-même.

Enfin, le supplice de Tantale auquel il était exposé cessa par l'arrivée de deux hommes. Quand celui qui marchait le premier entra, le cabaretier ôta son bonnet, et se précipita à ses genoux; le nouveau venu prit le cabaretier par la barbe et le relevant avec prestesse, il lui dit paisiblement :

—Ce n'est pas moi.

Le moujick comprit suffisamment que l'arrivant ne voulait pas être reconnu. Celui-ci continua à marcher vers le fond de la salle, et s'étant approché de la table où était le vin, il découvrit le broc, et dit à l'homme qui était entré avec lui :

—Tu vois, Minski, Villebois n'en a pas bu une goutte.

—Pas une goutte, sire, dit celui qui avait si long-temps attendu.

—Une fois n'est pas coutume, répliqua celui qu'on avait appelé Minski.

On s'attabla, et pendant que Pierre versait du vin, la conversation s'établit parmi le choc des gobelets.

—Monsieur, vous m'en voulez beaucoup, dit Villebois en trinquant avec Minski; vous me reprochez sans cesse ma seule distraction.

—Moi! fit Minski brusquement; pas le moins du monde, monsieur de Villebois : vous aimez à boire, c'est une passion comme une autre.

—Une passion moins affreuse que celle du jeu, Minski, reprit Pierre-le-Grand; tu sais ce qu'elle coûte.

—Vous qui les avez toutes deux, sire, répliqua Minski assez brutalement, vous pouvez nous dire quelle est la plus mauvaise.

—Il n'y a pas de passion mauvaise quand on les domine, répondit Pierre; et l'on ne peut pas dire que l'une ou l'autre m'ait fait faire quelque faute sérieuse.

—Aussi on vous appelle Pierre-le-Grand, dit Villebois.

—Voilà les flatteries qui vous plaisent, sire, reprit Minski.

—Vous m'en voulez toujours beaucoup, recommença Villebois d'un ton parfaitement doux.

—Moi, point : vous aimez à dire de jolies phrases à la française, c'est une manie comme une autre.

—Elle est moins insupportable que celle d'être un insolent brutal, répliqua Pierre.

—Sire, repartit Minski, vous qui adorez les flatteries de l'un, et excusez les brutalités de l'autre, vous devez savoir au fond de quelle manie est le meilleur dévouement?

—Je ne le sais pas encore, monsieur, dit Pierre, et j'espère que ce jour me le montrera. Il s'agit de prendre à la Suède ses dix meilleurs navires, et ses deux mille marins les plus déterminés.

—Sire, dit Villebois, donnez-moi dix barques et cinq cents hommes résolus, et je les coule bas en deux heures.

—Ce ne serait que la moitié de ce que je veux faire, mon cher Villebois, dit Pierre; non seulement il faut ôter ces vaisseaux à la Suède, mais encore il faut que nous les gardions.

—Alors, c'est une ruse abominable, reprit le Gascon, quelque guet-apens dont je me sens tout-à-fait incapable, et dont Minski se chargera sans doute avec plaisir.

—Avec plaisir et sobriété, repartit Minski.

Cette fois, Villebois le regarda avec une douceur caressante, et reprit :

—Vous êtes beau joueur, Minski.

—Je le crois.

—Voulez-vous parier cinq cents roubles que je vous coupe les oreilles que vous avez très longues, et le nez que vous avez très court.

—Je veux bien, reprit Minski en se levant, et en tirant à moitié une grande épée qu'il portait au travers de la taille.

—Et moi, dit Pierre, en les prenant tous deux au collet, voulez-vous parier que je vous fais donner cent coups de fouet à tous deux.

Minski s'assit en grognant, comme un bouledogue à la voix de son maître; Villebois resta debout, et répondit avec son air froid et doucereux :

—Cent coups de fouet à chacun, cela fait deux cents, dont cent de trop pour moi, et cent de moins qu'il ne faut pour votre trésorier Minski : mais comme il a coutume de prendre sa part et celle des autres, il se chargera, s'il vous plaît, de la mienne, comme il a fait de ma solde du mois dernier.

— Je vous l'ai loyalement gagnée à l'hombre, M. de Villebois.

—Et tu as aussi loyalement gagné tous les coups de fouet, M. de Minski, répliqua Villebois.

—Ah çà ! vous tairez-vous tous deux ! reprit Pierre; et serez-vous toujours, comme deux chiens hargneux, toujours prêts à vous déchirer.

—Je vous écoute, sire, répondirent-ils ensemble.

Mais les regards qu'ils échangèrent voulaient dire, de la part de Minski : Je ne serai satisfait que quand j'aurai fait chasser d'ici cet intrigant de Français, qui sous prétexte de quelque courage, et pour avoir battu une fois ou deux les vaisseaux suédois, est devenu amiral et favori de l'empereur ; et de la part de Villebois : Ce lourdaud de Russe me déplaît, et il n'a pas besoin d'être un voleur pour que j'aie envie de lui couper la figure.

Cependant, ils se tinrent pour avertis d'écouter paisiblement l'empereur, attendu qu'il les regardait d'un air qui promettait peu de patience pour leurs éternelles querelles. Pierre commença donc à leur donner ses instructions.

—Mon frère et ennemi Charles XII, dit-il, vient de m'envoyer un ambassadeur pour traiter de la paix : mais son ambassade est plutôt une insulte qu'une démonstration d'amitié, car il a expédié son messager sur une escadre de dix navires parfaitement armés en guerre, et qui pourraient bien avoir mission, si les affaires ne s'arrangent pas, de reprendre les hostilités, en incendiant mes chantiers, et en bombardant Saint-Pétersbourg. Il est de fait que si la fantaisie leur en prenait, nous ne sommes pas en mesure de les en empêcher.

— C'est ce que nous verrons, dit Villebois.

— C'est ce que je ne me soucie pas de voir; ajouta Pierre, j'ai un autre projet; ce projet le voici : ce matin, lorsque j'ai su l'arrivée de la flotte suédoise, j'ai fait semblant d'être absent de Saint-Pétersbourg pour ne pas être forcé de recevoir tout de suite les envoyés suédois et de répondre sur l'heure à leurs propositions. Par mon ordre Lefort a dit que j'étais allé jusqu'à Archangel, et que je reviendrais sous peu de jours, mais que l'impératrice recevrait M. Malduk, l'amiral suédois, et qu'elle l'attendait demain avec ses officiers. Comme tout cela s'est passé aujourd'hui, Catherine qui est à Jelaguin, à une lieue de Saint-Pétersbourg, Catherine n'est prévenue de rien, et c'est toi, Villebois, qui vas partir tout à l'heure pour lui annoncer cette nouvelle et la ramener secrètement ici. Un traîneau te mènera jusqu'à son palais d'été, et ce traîneau vous ramènera de même durant la nuit.

— Est-ce là tout ce que j'ai à faire? dit Villebois.

— Tout pour aujourd'hui ; mais demain je te chargerai d'une mission qui te plaira mieux ; tout à l'heure je te la dirai. A toi, Minski. Tu vois cette sacoche?

— Oui, sire.

— Elle est pleine d'or : je l'ai prise dans mon trésor particulier, parce qu'il faut que Lefort ignore l'usage que j'en veux faire ; usage que sans doute il condamnerait, et que peut-être il serait capable de dénoncer et de prévenir. Écoute-moi bien : demain, pendant que l'impératrice donnera audience à MM. les Suédois, audience excessivement longue, tu te déguiseras en moujick. Si quelques marins suédois descendent à terre, tu les aborderas, tu leur paieras à boire, tu les embaucheras et tu les chargeras d'embaucher le plus grand nombre possible de leurs camarades. Parle-leur beaucoup de Villebois, qui de petit officier de marine qu'il était en France, est devenu amiral en Russie.

— Je ne vois pas, dit Minski, où vous mènera tout cela; une centaine de matelots payés dix fois ce qu'ils valent, voilà tout.

— Imbécile, dit l'empereur avec impatience, laisse-moi finir. Lorsque tu en auras gagné un certain nombre, renvoie-les à leur bord en leur promettant 500 roubles par matelot qu'ils ramèneront avec eux à la nuit close; pendant ce temps, l'impératrice retiendra au palais les officiers qu'elle aura invités à un festin pompeux et interminable.

— Je n'y comprends rien, dit Minski.

— Tu es plus brute à jeun que Villebois après boire : écoute donc. Le rendez-vous donné aux matelots pour s'échapper de leurs navires sur les chaloupes mêmes de ces navires sera pour minuit : à minuit aussi sera le moment le plus brillant de la fête ; eh bien ! à cette heure et lorsque les déserteurs s'approcheront du rivage, au lieu de les accueillir silencieusement comme des amis qui reviennent, les barques qui gardent la côte les recevront à coups de fusil comme des ennemis qui tentent une descente. Tu comprends la confusion qui en résultera. Ce sera de tous côtés un soulèvement général. On annoncera en pleine fête que les Suédois ont tenté un débarquement, et l'impératrice ordonnera d'arrêter immédiatement les officiers qui seront au palais. Pendant ce temps, Villebois à la tête de toutes les barques du port, sera prêt à aborder les vaisseaux suédois privés de tous leurs officiers et de bon nombre de leurs matelots. S'ils se défendent, tant mieux ; nous dirons qu'ils ont attaqué.

— Mais c'est une trahison, dit Villebois.

— Sans doute, répondit Pierre, une trahison des Suédois qui, pendant que leurs officiers endorment la surveillance de l'impératrice dans une fête, et assurés qu'ils sont de l'absence de l'empereur, tentent un débarquement pour incendier nos chantiers. Qui osera dire le contraire ? car enfin ce n'est pas nous qui aurons amené au rivage les chaloupes suédoises et les matelots qui les monteront. Si elles ne sont pas nombreuses, c'est que beaucoup auront regagné leurs vaisseaux. Si nous nous sommes emparés de la flotte, c'est pour nous défendre de cette étrange agression : et comment ne pas croire à cette agression en voyant leurs forces et la quantité de vaisseaux envoyés pour conduire une ambassade ; je sais bien, au fond, que ce n'est qu'une sotte ostentation de Charles XII., mais je puis bien n'y voir qu'un complot mis à exécution et déjoué par la surveillance de mes officiers et le courage de Villebois. Sans doute tout cela ne se passera pas sans réclamations de la part du roi de Suède, sans accusation de mauvaise foi, mais en attendant je tiendrai la flotte suédoise, je tiendrai les meilleurs marins de la Suède. D'ailleurs pendant que tout cela se passait j'étais absent de Saint-Pétersbourg : j'aurai besoin de renseignemens, je ne comprendrai rien à cette étrange affaire ; je vous promets d'être plus de six mois avant d'y rien comprendre, et six mois me suffiront pour faire les nouvelles levées d'hommes dont j'ai besoin ; et puis, s'il arrive par hasard qu'au bout de ce temps la guerre recommence avec le roi Charles, je ne vois pas ce qui pourrait me forcer à donner à mon ennemi des armes contre moi en lui rendant ses hommes et ses vaisseaux.

Pierre s'arrêta et reprit après un moment d'attente :

— Comment trouvez-vous ce projet ?

Minski demeura un moment silencieux et finit par dire d'un ton persuadé :

— Sans doute ce projet est superbe, mais il part d'une condition qui ne me semble pas possible à espérer. C'est qu'il descendra des marins suédois à terre.

— Il en descendra, car il en est déjà descendu aujourd'hui.

Minski se mordit les lèvres et reprit :

— Mais enfin, s'il en descend et que je ne puisse en embaucher aucun ?

— Alors, dit Pierre, je te ferai pendre; car tu me prouveras que tu n'es bon à rien.

Minski ne sourcilla pas; mais Villebois se laissa aller à rire dans sa moustache.

— Mais si j'en embauche un certain nombre, reprit Minski, et que Villebois cependant ne puisse s'emparer des vaisseaux.

— Il sera pendu à ta place.

— C'est juste, dit Villebois.

— A la bonne heure comme ça, reprit Minski.

— Pendu l'un ou l'autre, reprit Pierre, si l'un des deux manque à la moindre de mes instructions. Sur ce, Minski, voici l'or dont tu as besoin, et toi, Villebois, voici la clef de la porte par laquelle tu pénètreras chez l'impératrice pour lui apprendre ce qu'elle a à faire. Songez que je ne paraîtrai pas à Saint-Pétersbourg, mais que je serai aux environs et que je me charge de vous surveiller.

Pierre-le-Grand sortit et laissa Minski et Villebois en présence l'un de l'autre.

Ces deux hommes se haïssaient cordialement. Ils avaient pour cela des raisons excellentes, des raisons de nature, des raisons de cœur et des raisons de cour. D'abord Villebois était Français et gentilhomme, et Minski était Russe et esclave affranchi; Villebois ne connaissait d'autre raison que son épée, Minski était un renard rusé qui ne se battait que lorsqu'il n'y avait rien à tenter pour son salut. Villebois, tant qu'il était à jeun, avait cette politesse obséquieuse des sacripans qui semblent toujours désolés d'être forcés de vous couper la gorge; Minski était d'une brusquerie presque brutale. D'un autre côté, Villebois et Minski étaient fort amoureux tous deux d'une belle fille nommée Vaninka, attachée à l'impératrice Catherine : tous deux en étaient également maltraités, et chacun d'eux s'imaginait que c'était à cause de l'autre. En troisième lieu, ils se partageaient la faveur de l'empereur; mais Villebois croyait que s'il n'était pas encore grand-amiral de Russie, les intrigues de Minski en était la première cause : et Minski était persuadé qu'il ne serait grand-trésorier que du moment qu'il aurait chassé de la cour de Pierre le Gascon qui le desservait sans cesse.

Ces dispositions de ces deux hommes vis-à-vis l'un de l'autre étaient permanentes et il n'y avait rien qui pût les en détourner : elles les accompagnaient dans tout ce qu'ils faisaient; cette haine était comme le chagrin d'Horace, elle montait en croupe du cheval de Minski et en poupe du vaisseau de Villebois. Ainsi dès qu'ils se virent seuls en présence, une même pensée les saisit : — Si je pouvais faire pendre ce misérable ! se dirent-ils chacun à part soi.

Ils se connaissaient de longue main. Villebois savait que Minski était joueur comme un Russe qu'il était, Minski savait que Villebois était ivrogne comme un mousquetaire qu'il avait été. Ils s'accoudèrent tous deux sur la table, le Russe commença l'attaque; il toussa deux ou trois fois, et dit comme s'il eût été seul :

— Je meurs de soif. Eh ! moujick, du vin.

Villebois se prit à bâiller, à étendre les bras et à chantonner ; puis il murmura entre ses dents :

— Encore deux heures à attendre ; c'est ennuyeux à crever.

— Est-ce que vous ne buvez pas un coup, Villebois ? dit Minski.

— Est-ce que vous ne faites pas une partie d'hombre, Minski ? repartit Villebois.

— Non, répondit Minski ; je ne joue pas.

— Et moi, repartit Villebois, je ne bois pas.

— Soit.

— Soit.

Et tous deux croisèrent leurs jambes l'une sur l'autre ; Minski en buvant un coup de vin après lequel il dit :

— Délicieux ! !

Villebois en secouant les dés qu'il jeta sur la table en disant :

— Pair... Perdu ! C'est impair ! ! J'aurais perdu.

— Hum ! fit Minski en lui-même, si je puis te faire mettre la main à la bouteille, tu seras bientôt ivre-mort, et alors tu rempliras les ordres de l'empereur si tu peux.

— Bon ! fit de même Villebois, si tu touches à ce cornet, je t'aurai pipé en moins de deux heures tout ce que l'empereur t'a remis, et tu lui obéiras ensuite si tu peux.

Et leur pensée se termina à tous deux par cette même phrase :

— Et si tu ne peux pas, tu seras pendu.

Puis tous deux recommencèrent leur manége ; l'un de boire, l'autre d'agiter ses dés ; et leur *a parte* se continua ainsi :

— Si je veux faire jouer Minski, dit Villebois, il faut que je boive un coup avec lui.

— Si je veux le faire boire, dit Minski, il faut que je joue une partie d'hombre avec Villebois.

Ils se regardèrent en face.

— Est-ce que ce vin est passable, Minski ?

— Excellent, mais un peu capiteux. Est-ce que vous avez quelques roubles à perdre, Villebois ?

— Quelques-uns, pas beaucoup ; je ne puis pas jouer long-temps. Voulez-vous en essayer ?

— Volontiers. Faites-moi le plaisir de goûter ce vin ; si vous le trouvez bon j'en achèterai quelques centaines de bouteilles que ce moujick a eues du dernier navire français qui a abordé ici.

— Volontiers...

Tous deux s'attablèrent bien décidés, Villebois à ne boire que quelques gobelets de vin et à exciter le jeu, Minski à ne jouer que quelques roubles et à griser Villebois. Ainsi d'un côté Villebois se tenait sur ses gardes, et de l'autre Minski jouait avec ménagement ; mais tous deux cependant trop occupés du but où ils voulaient arriver, pensaient plus à attaquer qu'à se défendre. Villebois ne regardait pas que Minski lui remplissait son verre à tout coup, et Minski ne faisait pas assez attention qu'à tout coup Villebois gagnait et qu'à tout coup il doublait les enjeux. Enfin Minski n'amena Villebois à commencer à chanter et à frapper sur la table qu'au moment où il put remarquer que de son côté il avait profondément attaqué le sac de l'empereur. Il regarda tout ce que Villebois avait d'or à côté de lui, et de l'air d'un joueur en qui sa passion s'allume, il s'écria :

— Cinquante roubles d'or sur ce dé !

— Soit.

— Cinquante roubles et un verre de vin, ajouta Minski.

— Soit. Un verre de vin et cinquante roubles, répéta Villebois.

Villebois but tout tandis que Minski jetait son vin sous la table. Les dés roulèrent et Minski perdit.

Villebois commença à rire d'un air allumé ; Minski serra les poings et jura.

— Cent roubles et un pot de vin, dit Minski.

— Un pot de vin et cent roubles, repartit Villebois ; buvons d'abord.

Il but tout seul et joua le coup. Minski perdit, et Villebois lui dit d'un air déjà insolent :

— Tu n'es qu'un Russe, tu ne connais pas même la valeur des dés.

— Tu n'es qu'un chien, dit Minski, et tu es déjà ivre.

— Ivre! s'écria Villebois; apportez-moi quatre bouteilles, je veux les boire en quatre coups.

— Et moi, dit Minski, je parie en quatre coups te rattraper ce que tu m'as gagné, si tu bois tes quatre bouteilles.

— C'est dit! s'écria Villebois; tu crois peut-être que le vin me trouble la vue ?

— Je l'espère bien ainsi, pensa Minski.

Ils continuèrent. C'en était fait, il n'y avait plus en présence deux ennemis cherchant à se perdre : il n'y avait plus que le buveur et le joueur engrenés dans leur passion et destinés à y passer tout entiers comme les malheureux qui s'accrochent aux cylindres d'une puissante machine. Villebois but les quatre bouteilles, Minski joua les quatre coups. Villebois battait déjà le mur où il était appuyé, Minski s'arrachait déjà la poitrine. Les deux ardens coursiers étaient lancés.

— Encore une bouteille, disait l'un.

— Encore une partie, répondait l'autre.

Ils burent et jouèrent. A la dernière bouteille, Villebois était ivre furieux ; au dernier coup de dés, Minski n'avait pas un rouble de ceux que lui avait donnés l'empereur. Villebois riait férocement au nez de Minski ; il avait posé son grand poignard sur l'or qu'il avait gagné, et disait au Russe en se balançant sur son banc.

— Va donc embaucher les Suédois, Minski.

Minski grinçait les dents et répondait :

— Va donc porter les ordres du czar à l'impératrice.

— Tu seras pendu, Minski.

— Tu seras pendu, Villebois.

— Moi pendu ! repartit Villebois ; tu me crois gris pour quelques bouteilles de vin ; mais j'ai toute ma raison, j'enfilerais une aiguille avec mon épée ; mais toi, où est ton or ?

— Ce n'est pas ce qui me gêne ; j'en ai chez moi plus qu'il ne m'en faut.

Tous deux se sentirent pris de la peur des gens qui ont mis leur espoir dans les fautes des autres. Villebois craignit que Minski n'eût véritablement de l'or chez lui ; Minski appréhenda qu'il ne restât assez de raison à Villebois pour remplir sa mission près de l'impératrice. Il en fut presque convaincu lorsqu'il vit le Français ramasser tout l'or qu'il avait gagné, le mettre dans ses poches et se lever en disant :

— Il est temps que j'aille porter les ordres de l'empereur.

Villebois trembla quand Minski lui cria :

— A demain ; fais en sorte que l'impératrice arrête les officiers, j'attends les matelots.

Ils sortirent ensemble de la taverne. Durant le trajet de la table à la porte, Villebois s'accrocha les jambes à plus de vingt pieds de bancs, trébucha, roula, et probablement s'il était tout-à-fait tombé par terre, il y serait resté. Minski espéra que le grand air l'achèverait ; mais il avait affaire à une nature d'homme singulièrement vigoureuse ! un de ces corps qui ont des forces pour les fatigues du devoir et de la débauche. Tout autre que Villebois, dans l'état où il était, serait mort par le contraste du froid excessif qu'il éprouva après la chaleur qu'il avait subie dans le bouge d'où il sortait. Mais cela ne l'étonna point ; il prit bravement deux énormes poignées de neige, s'en frotta le visage, et marcha droit au palais d'été de l'impératrice. Minski le suivit en tremblant, et lorsqu'il le vit sortir de Saint-Pétersbourg sans avoir bronché, il se considéra comme un homme perdu ; une pensée lui vint en tête, une pensée de Russe et de joueur.

Si l'on trouvait Villebois étendu mort sur la route, le lendemain il n'aurait pas rempli sa commission. Oui, sans doute ; mais l'empereur serait informé de ce qui s'était passé chez le moujick, et alors il devinerait trop facilement le nom du meurtrier. La corde qui n'était que promise, deviendrait alors immanquable. Une autre espérance restait à Minski, c'est que Villebois se sentirait fatigué, qu'il s'arrêterait, s'endormirait peut-être, et qu'alors il pourrait lui reprendre l'or qu'il avait dans ses poches, et puis, et puis...

Il faudrait être un bien grand psychologue, pour saisir toutes les pensées vagabondes qui passent dans la tête d'un joueur ruiné, sous forme de rêve, ou d'espérance ; car il n'est combinaisons si bizarres, si étranges, qu'il n'invente pour faire arriver un événement qui le fasse sortir d'embarras. Toutefois, quelles que fussent ses idées, Minski suivit Villebois comme la seule chance qui lui restât de se tirer d'affaire. Quant à ce qui se passait dans la tête de Villebois, il serait encore plus impossible de le dire, tant la pensée qui naît dans l'esprit d'un ivrogne dépend d'une circonstance insaisissable. C'est souvent le dernier mot qu'il a entendu qui le détermine, et qui le fixe d'une façon invariable dans sa résolution. Quelquefois l'ivrogne passe par un million de bizarres idées avant d'arriver à celle qui s'emparera définitivement de lui.

Pour Villebois, on peut dire que tandis qu'il marchait vers le lieu de sa destination, il y avait à la fois dans son cerveau, de la pensée fixe et de la pensée vague : la pensée fixe, c'est qu'il avait affaire à l'impératrice, la pensée vague c'était l'affaire qu'il avait avec elle. Il ne pouvait se la rappeler. Il se balbutiait mille choses, quêtant dans ses propres paroles s'il ne s'en trouverait pas quelqu'une qui le remît sur la voie de ce qu'il avait à dire ; mais rien ne lui revenait, et il finissait ses monologues par une phrase qu'il y ramenait sans cesse comme conclusion, et pour ne pas la perdre : — C'est égal, il faut que je parle à l'impératrice.

Une de ces hallucinations subites qui nous révèlent un coin du souvenir qu'on cherche avec obstination, lui fit ajouter sans s'en apercevoir :

— Il faut que je voie l'impératrice en secret.

Villebois s'arrêta tout joyeux, répétant :

— En secret ! je dois voir l'impératrice en secret.

Ceci se ficha dans le cerveau de Villebois, et à ces deux idées réunies à grand'peine, il chercha à en réunir d'autres, et se demanda tout en marchant, tout en gesticulant : Pourquoi vais-je voir l'impératrice en secret ? que diable peut-on dire en secret à l'impératrice ? c'est très flatteur pour moi de voir l'impératrice en secret : c'est une très belle femme, l'impératrice; une femme admirablement belle, et qui n'est pas insensible du tout, et pas du tout impératrice en secret ; j'ai pourtant quelque chose à lui dire : c'est égal, quand je la verrai, ça m'inspirera, c'est selon comme je la trouverai. Allons, allons voir en secret l'impératrice qui est très belle, et très belle, ma foi !... Vive l'impératrice !... Allons.

Et c'est ainsi que marchait l'esprit de Villebois ; pendant que lui-même courait au palais de l'impératrice ; Minski le suivait avec ses rêves de joueur ; se disant : Peut-être le feu prendra au palais, peut-être l'impératrice sera malade, peut-être je trouverai un sac d'or par terre. C'est en vérité une singulière imagination que celle d'un joueur, elle se fait des contes d'enfans si niais qu'il faut en avoir été témoin pour oser y croire.

Cependant Villebois et Minski arrivèrent à peu près en même temps au palais. Villebois, après de longs essais, mit enfin la clef dans la serrure, ouvrit la porte et entra tout droit devant lui comme un brave buveur qui n'a qu'une idée ; celle d'aller trouver en secret l'impératrice, qui est très belle. Minski le suivit comme un ennemi suit sa proie. A peine l'eut-il entendu s'éloigner dans le long corridor qui aboutissait à la porte secrète, qu'il entra à son tour avec le moins de bruit possible, et pénétra à tout risque dans le palais.

Qui sait? se disait-il, il y a peut-être un trésor dans le palais, peut-être pourrai-je dérober le trésor! Le digne joueur ne se démentait pas : s'il eût fait clair de lune, et qu'il eût été poète, il n'eût pas désespéré d'ensacocher les rayons d'argent de la blanche Phébé. Cependant, les pas de Villebois se perdirent dans l'espace, et Minski arriva dans une vaste antichambre circulaire, où aboutissaient la porte des appartemens de l'impératrice, et celles des logemens de ses femmes. Minski, à moitié gelé, s'approcha du poêle encore tiède, qui échauffait cette antichambre ; et désespérant de recevoir du ciel ni argent, ni inspiration pour en trouver, il se coucha résolument sur le poêle, comme une brave brute de Russe, se disant : A demain la corde et le knout, dormons si c'est possible.

Or, il faut vous dire que tandis que ceci se passait à Pétersbourg, Catherine se mourait d'ennui et de colère à Jelaguin ; et ne sachant que faire, elle se plaignait de son mari.

—Il me délaisse, disait-elle ; sans doute l'impératrice ne peut se plaindre, mais la femme a de quoi pleurer. Assurément il n'est pas une résolution un peu grave, qu'il prenne sans me consulter ; mais lorsqu'il a encore quelque envie de se divertir, ce n'est plus moi qu'il choisit. Autrefois il ne s'ivrognait qu'avec moi ou Lefort. Maintenant il boit avec le premier venu.

C'est qu'il ne faut pas vous imaginer que Catherine fût une impératrice Pompadour, toujours la poudre à l'œil, les mains à l'eau rose, les ongles faits, et le visage pommadé. Catherine était une forte femme, haute en couleur, magnifiquement vêtue quand il fallait trôner, mais qui n'avait pas dans tout son cabinet de toilette une bouteille d'eau de senteur à la Berry, ni un pot de blanc royal à la Maintenon. En ce moment elle était à moitié déshabillée, les deux pieds nus sur le revers du poêle de sa chambre, les coudes sur ses genoux, et le menton dans le creux de ses mains. Sa femme de service qui causait avec elle, la peignait, car Catherine avait des cheveux comme Vénus à se voiler jusqu'à la cheville.

Tout à coup on frappe à la porte de la chambre; et à la manière impérative dont on frappe; à l'arrivée inopinée du frappant, par cette porte secrète; à l'heure au moins indue de la nuit, l'impératrice se dit :

— C'est l'empereur, c'est l'empereur!

Tête de femme va presque aussi vite que tête d'ivrogne ou de joueur.

— L'empereur m'abandonne, disait un instant avant Catherine; c'est l'empereur qui revient à moi, reprend-elle aussitôt.

Elle fait signe à sa chambrière de la laisser, et dès qu'elle est seule elle va ouvrir la porte de sa chambre; on entre : c'est Villebois.

Les fumées du vin, que le froid avait engourdies, s'étaient légèrement réchauffées depuis que Villebois était entré dans l'atmosphère tiède du palais : mais à peine fut-il dans l'air presque brûlant de la chambre de l'impératrice, que ces fumées s'exaltèrent et roulèrent comme un orage dans sa tête.

A son aspect, l'impératrice recula ; et fort surprise de la visite de Villebois, elle lui demanda ce qu'il voulait. Villebois, cette fois, avait fermé la porte derrière lui et s'y tenait appuyé, regardant avec des yeux d'ivrogne cette grande et belle femme qui était devant lui, dans un état plus que provoquant. L'impératrice renouvela sa question, et Villebois, toujours magnifiquement ivre, lui dit :

— Vous êtes la plus belle femme de l'univers, et je viens vous le dire en secret.

L'impératrice connaissait les mœurs de Villebois, elle connaissait ses ivresses, elle savait que quelquefois elles étaient très drôles, et d'autres fois très féroces. Ce soir-là, l'air de Villebois était de ceux qui promettent qu'on poignardera son meilleur ami s'il veut mettre obstacle à notre désir. Que dire enfin... nous ne voulons faire ici ni un tableau luxurieux, ni une peinture grossière... mais l'ivresse d'un côté, la frayeur de l'autre, furent si puissantes, que Catherine descendit de son rang d'impératrice pour revenir, en réalité et non en souvenir, à ses premières années où plus d'un ivrogne obtint pour quelques roubles ce que Villebois emporta par la force et la menace.

Il n'y a qu'une femme qui peut révéler à l'humanité ce qui se passe en sa tête et en sa pensée lorsque pareil malheur lui arrive. Et encore faudrait-il, pour la circonstance dont nous parlons, que cette femme fût impératrice; encore faudrait-il qu'il lui arrivât ce qui arriva à Catherine lorsque le brutal qui l'avait si odieusement outragée s'endormit bravement, comme fit Villebois dans le lit impérial de l'impératrice, et se mit à ronfler avec la quiétude d'un curé qui vient de commettre une bonne action. Catherine resta une bonne demi-heure droite, en face de ce pourceau dormant, un couteau à la main, et se demandant si elle ne devait pas l'égorger, quitte à appeler quelqu'un pour jeter ensuite le cadavre dehors. Elle se le demanda sans doute beaucoup, mais probablement elle ne se répondit jamais oui, car elle ne le fit point. Mais une idée, une idée de femme (un homme n'eût jamais eu une pareille idée), une idée inouïe enfin passa par la tête de l'impératrice. Son poignard lui tombe des mains. Elle considère Villebois. Villebois dort du sommeil des justes ; les canons d'un vaisseau de ligne ne l'eussent pas éveillé. Catherine était grande et forte, elle se décide, elle l'enlève dans ses bras, elle...

Mais pour bien comprendre ce qui arriva, il faut retourner un peu en arrière et raconter les événemens qui avaient lieu en même temps dans un autre coin du palais : c'était une autre aventure non moins singulière.

Minski, à moitié endormi sur son poêle, assiégé de ce cauchemar du joueur, où les dés et les cartes dansent des rondes devant les yeux, désespérait de rattraper son or et ne rêvait plus que vengeance : en ce moment il eût assommé Villebois, s'il l'eût tenu. Il ruminait ainsi dans un état de somnolence inquiète, lorsqu'un bruit léger l'éveille tout-à-fait ; et, à sa grande surprise, il aperçoit un homme enveloppé d'un vaste manteau et qui s'avançait dans l'antichambre avec précaution. Dans le premier moment, Minski n'avait pu remarquer par quelle porte cet homme avait pénétré, et l'idée lui vint aussitôt que c'était Villebois qui sortait de chez l'impératrice. Minski se sentit un mouvement de rage et de colère qui le poussa à s'élancer de son poêle sur Villebois pour l'attaquer à l'improviste ; mais un reste de crainte de la vigueur de Villebois, et puis l'idée que l'impératrice le suivait sans doute pour monter en traîneau avec lui, le retinrent immobile à sa place.

Toutefois la curiosité de Minski commença à s'éveiller avec lui, lorsqu'il ne vit survenir personne et qu'il remarqua que l'homme au manteau comptait du bout des mains les onze portes qui aboutissaient à l'antichambre où il se trouvait ; mais la rage du Russe fut à son comble lorsque cet homme s'arrêta à la porte qui conduisait à l'appartement de Vaninka, la belle Russe qu'il adorait et qui sans doute lui préférait Villebois; enfin Minski se sentit pris d'un de ces accès de fureur qui font une bête féroce d'un jaloux, lorsque l'homme au manteau introduisit une clef dans la serrure de la porte et l'ouvrit doucement.

— Quoi! pensa Minski, ce Villebois en est là? Ah! dussé-je y périr, il n'aura pas cette nuit le double bonheur de m'avoir gagné mon argent et posséder celle que j'aime.

Et, sur cette réflexion prompte comme l'éclair, il se précipite sur l'homme au manteau, le renverse de deux énormes coups de poing habilement portés aux yeux; et, s'élançant dans la porte déjà entr'ouverte la referme sur lui et s'enfonce dans le couloir qui conduit à la chambre de Vaninka.

A peine a-t-il fait quelques pas, qu'une nouvelle porte s'ouvre et qu'une voix ravissante, la voix qu'il aime, se fait entendre et lui dit avec une coquetterie émue et enivrante :

— Sire, est-ce vous? est-ce toi, Pierre, mon amour; est-ce toi, mon noble empereur?

A ces paroles, Minski demeure d'abord frappé de glace; mais l'instant d'après, en vertu du courage d'un homme pour qui tout est fini, il se dit :

—Je n'en serai pas plus pendu pour ça.
Et il répond :
—Oui, Vaninka, c'est moi; oui mon amour.
—Ah viens ! je t'attends depuis long-temps, reprend Vaninka.

Et elle l'entraîne doucement, et Minski se répétant :
—On ne peut pas me pendre deux fois!!

Accepte tout l'amour offert à l'empereur, et pense qu'en pareille occurrence il faut faire les choses impérialement. On n'a jamais bien su si ce fut l'excès ou le silence avec lesquels Minski exerça son impérialisme, qui étonna la belle Vaninka, mais il est certain qu'après avoir marché d'étonnement en étonnement, ce ne fût qu'au bout d'une longue nuit qu'elle s'écria tout d'un coup :
—Vous n'êtes pas l'empereur !
—Ce mot terrible ne permettait pas à Minski de pousser l'imitation impériale plus loin. D'ailleurs le jour menaçait. Il s'échappa du lit de Vaninka, se jeta hors de la chambre, s'élança dans le corridor, et gagna l'antichambre, au risque de tomber sous la main terrible de Pierre. Mais au lieu de sentir un coup mortel s'appesantir sur sa tête, à peine a-t-il fait quelques pas que ses pieds s'embarrassent dans quelque

chose de jeté en travers du sol ; Minski trébuche et tombe. Il se relève à moitié et se trouve face à face d'un homme qui dormait sur le plancher, et dans les jambes duquel il s'est empêtré. Cet homme s'était éveillé, cet homme s'était levé sur son séant, cet homme c'était Villebois.

La manière dont ces deux ennemis se regardèrent en silence était à faire mourir de peur ou à faire mourir de rire. Il y avait dans leurs regards un effroi insurmontable venant du retour qu'ils faisaient sur eux-mêmes, et une envie de s'étrangler réciproquement qui leur donnait la physionomie la plus extraordinaire.

Minski comprenait assez facilement comment Villebois en sortant de chez l'impératrice avait pu rentrer dans cette antichambre et s'y endormir ; mais Villebois se demandait qui avait pu le porter en cet endroit. A mesure que le souvenir de ce qui s'était passé entre lui et l'impératrice lui revenait en mémoire, une sueur glacée le gagnait, quelque chose lui serrait la gorge et l'étouffait. Enfin comme un homme parfaitement sûr de son sort et qui ne songe pas même à y échapper, il croisa ses jambes sous lui, à la façon des musulmans, et se dit à part soi :

— C'est pour le coup que je serai pendu.

Puis par un mouvement rapide il porta les mains aux poches de son habit et y chercha l'or qu'il avait gagné à Minski ; celui-ci s'en aperçut et en devina la cause.

—Tu crois peut-être que je t'ai dévalisé pendant que tu dormais ? lui dit-il ; mais à présent je m'en soucie de cet or comme de la barbe d'un cosaque ; je n'en ai plus besoin.

—Tu en as donc trouvé d'autre, lui dit Villebois en le regardant de travers, et tu es en mesure d'obéir à l'empereur ?

—Ma foi, repartit Minski, pour les ordres qu'il peut avoir à me prescrire maintenant, je ne pense pas qu'il me manque rien. Mais toi, tu as donc fidèlement rempli ceux qu'il t'a donnés hier soir ?

—Certes, dit Villebois, et j'en ai fait assurément plus qu'il ne m'a dit.

—Alors, reprit Minski, tu ne crains rien pour ta tête ?

—Ainsi, repartit Villebois, tu es sûr d'échapper à la potence ?

Ils se regardèrent encore tous deux désespérés non pas tant du sort qui les attendait, mais chacun furieux de ce qu'il croyait que son ennemi était sauvé.

Cet état de doute et d'observation eût duré encore long-temps, si un esclave ne fût entré dans l'antichambre pour allumer le feu des poêles. Au bruit qu'il fit en entrant, Villebois et Minski se levèrent tous deux, s'attendant à voir apparaître des bourreaux armés de sabres et de cordes, ou tout au moins des soldats pour les arrêter. Mais l'esclave en reconnaissant les deux favoris de l'empereur se prosterna jusqu'à terre, et nos deux héros s'entre-regardèrent avec un étonnement dont chacun ne savait la cause que pour son compte. Se sentir la tête sur les épaules leur paraissait une merveille à laquelle ils n'osaient croire.

On ne saurait dire qu'une espérance leur rentra dans le cœur : mais ce vague instinct de conservation qui tient l'homme jusque sous le tranchant du bourreau les saisit ensemble, et tous deux se précipitèrent par la porte que l'esclave venait d'ouvrir, et cherchèrent à tromper la vigilance des sentinelles placées sans doute à toutes les portes du palais. Mais pas plus qu'ils n'avaient vu venir de bourreau, ils n'aperçurent de sentinelles ; ils trouvèrent toutes les issues libres, et arrivèrent au milieu de la grande route, sans que personne leur adressât la parole, sans qu'un coup de fusil, qu'à tout moment ils s'attendaient à recevoir de quelque assassin posté sur leur passage, les vînt arrêter.

Villebois se demandait s'il avait rêvé, Minski se demandait s'il ne rêvait pas. Ils échangèrent encore entre eux un regard de soupçon et une même pensée leur vint au même moment.

— Où vais-je chercher ce que j'ai près de moi? se dirent-ils; il n'y a besoin ici ni d'arrestation, ni de jugement, ni de bourreau; en pareille circonstance c'est un confident dévoué qu'on charge de se défaire de l'homme qui nous a ainsi outragé. Pardieu! voilà mon assassin.

Minski pensa cela de Villebois, et Villebois pensa cela de Minski. Aussitôt, et sans autre réflexion ils tirèrent tellement ensemble leur grande épée et leur poignard, qu'ils reconnurent ensemble qu'ils avaient bien jugé, et qu'ils se précipitèrent l'un contre l'autre en s'écriant :

— Ah! misérable! c'est toi qu'on a chargé de m'assassiner.

Un combat sérieux comme celui de deux hommes déterminés non seulement à mourir, mais à tuer, s'engagea entre eux, et probablement l'un des deux, ou tous les deux y eussent succombé, lorsqu'un officier, monté sur un traîneau, et qui accourait de toute la vitesse de quatre chevaux lancés au galop, arriva sur le lieu du combat, et les sépara, en leur ordonnant de le suivre à Saint-Pétersbourg.

Villebois s'avança le premier vers l'officier, et lui remettant son épée avec une solennité tout-à-fait héroïque, il lui dit :

— Monsieur, je suis prêt à vous suivre ; je sais ce qui m'attend, je subirai mon sort ; mais je regrette de n'avoir pas tué cette brute russe qui est cause de tout.

Minski, que l'adresse de Villebois avait mis en désarroi, se rajustait pendant ce discours, et s'étant à son tour approché de l'officier, il lui dit, en lui remettant aussi son épée :

— Il en sera ce qu'il en sera, mais je suis désolé de n'avoir pas fendu le crâne à ce drôle de Français, sans qui bien certainement rien de ce qui s'est passé ne serait arrivé.

— Messieurs, répondit l'officier tout ébahi, c'est sans doute une faute que de vous être battus contrairement à l'ukase contre le duel, mais je ne suis pas un dénonciateur. L'affaire n'a pas eu de témoins, reprenez vos épées et suivez-moi, vous, M. de Villebois, près de l'impératrice qui vous attend ; vous, M. Minski, dans la taverne d'Ivan où l'empereur est caché et désire vous donner de nouvelles instructions.

Probablement on eût annoncé la veille à ces deux hommes qu'ils venaient d'être proclamés empereurs de toutes les Russies, qu'ils n'eussent pas été plus surpris qu'ils ne le furent par cet ordre si bénin.

Ils montèrent dans le traîneau qui avait amené l'officier, et tous deux à plusieurs reprises se frottèrent les yeux, se touchèrent, se regardèrent, se parlèrent pour s'assurer qu'ils étaient bien éveillés.

Arrivés aux portes de Saint-Pétersbourg, l'officier emmena Minski par des rues détournées pour gagner la taverne d'Ivan, et le moujick qui conduisait le traîneau, conduisit Villebois au palais.

Minski le premier avait puisé une lueur d'espoir dans ses méditations : il avait réfléchi que peut-être l'empereur ne l'avait pas reconnu et qu'il s'alarmait à tort : il ne s'expliquait pas aussi bien pourquoi Pierre n'avait pas forcé la porte de Vaninka et comment il l'envoyait chercher à Jelaguin. Il savait donc qu'il y était.

Minski était demeuré immobile à la porte de la taverne lorsque l'empereur qui l'avait aperçu du fond de la salle où il était, l'appela brusquement, et Minski marcha en chancelant vers cette voix terrible, comme le malheureux oiseau que le serpent fascine et attire à lui pour le dévorer.

De son côté, Villebois à force de ne rien comprendre à ce qui se passait autour de lui, s'était créé une explication tout-à-fait dans le caractère français. Il n'avait pas craint de s'imaginer que peut-être Catherine n'était pas si courroucée de son audace qu'il avait la naïveté de le croire. Il se rappelait à ce propos une foule de mots plaisans qui se racontaient à l'oreille et qui parlaient de duchesses, de marquises, de princesses même, outrageusement insultées, l'une par son laquais, l'autre par son palefrenier, et qui ne s'en étaient point autrement vengées qu'en leur recommandant de prendre garde une autre fois à ce qu'ils faisaient. D'après ces souvenirs et en mesurant la distance qui sépare un laquais d'une duchesse, et un amiral d'une impératrice, il trouvait tout l'avantage de son côté, et il s'apprêtait à aborder Catherine avec cette humilité hautaine qui demande une grâce qu'elle est sûre d'obtenir.

Mais tous ces beaux rêves tombèrent à la porte du palais, et ses suppositions changeant de cours, Villebois ne douta plus que ce ne fût pour le réserver à un supplice long et plein de tortures qu'on l'avait ainsi attiré à Saint-Pétersbourg. Ce fut donc le cœur battant d'effroi et le visage pâle qu'il passa le seuil du salon où l'impératrice l'attendait. Catherine était assise sur son trône, ses vêtemens étaient de velours et d'or, et avec ces beaux habits, il semble qu'elle eût revêtu une superbe dignité qui en faisait une femme bien différente de celle qui, la veille, le corps demi-nu, les pieds sur le bord de son poêle, avait reçu Villebois. Celui-ci en la voyant ainsi ne douta pas que sa dernière heure ne fût venue, et comme il y avait, au fond de ce caractère d'ivrogne, une bravoure chevaleresque qui ne redoutait rien tant que de paraître avoir peur de quelque chose, il s'avança au milieu de la salle, et mettant un genou à terre, il dit à Catherine en se découvrant et en baissant la tête :

— Me voici, madame.

Catherine fit signe à quelques femmes et à quelques courtisans de s'écarter et attacha sur Villebois un regard dont il nous est impossible de dire l'expression. Il y avait à la fois sur le visage de Catherine un sentiment de honte et une volonté d'audace, un fond de colère et une envie de rire qui tenaient de cette multiplicité et de cet assemblage incohérent d'idées dont une tête de femme est seule capable.

— C'est donc vous, monsieur ? lui dit-elle sévèrement. Est-ce donc pour faire excuser votre conduite d'hier que vous arrivez si tard aujourd'hui ?

Villebois confondu baissa la tête encore plus bas et murmura d'une voix sourde :

— Ah! madame, il n'est point de pardon pour un crime pareil au mien.

— Eh! monsieur, repartit Catherine, où en seriez-vous s'il n'y avait pas de pardon pour un pareil crime, car il me semble que ce n'est point la première fois que cela vous arrive ?

La manière dont Villebois releva la tête à ce moment eut quelque chose de si superbement étonné que Catherine faillit éclater de rire. Cependant elle garda son air sévère pendant que Villebois répétait d'une façon de surprise inouïe :

— Ce n'est pas la première fois que cela m'arrive ?...

— Non, monsieur, non, répondit vivement Catherine, ce n'est pas la première fois que vous osez vous présenter devant moi dans un état d'ivresse qui ferait honte au dernier esclave.

— Hélas! repartit Villebois, c'est cet état d'ivresse qui est la seule cause de... la seule cause qui... la seule cause enfin....

Ah! la femme, la femme! Catherine le laissait dire, elle riait de la figure, de la terreur, de l'embarras de Villebois!! Rire c'est si bon ; mais rire de cela ! oh ! la femme, la femme ! Enfin elle interrompit les phrases suspendues de Villebois et lui dit :

— Oui, monsieur, j'aime à croire que l'ivresse est la seule cause de ce que vous avez fait.

— Madame, oh ! je n'ose y penser, répondit Villebois en baissant son front jusqu'à terre.

— Oui, monsieur, reprit sévèrement Catherine, j'aime à croire que l'ivresse est la seule cause qui vous a fait vous abandonner à un sommeil dont rien n'a pu vous arracher, après que vous m'avez eu dit les instructions de l'empereur, ivresse qui vous a empêché aussi de me ramener à Saint-Pétersbourg, comme cela vous avait été ordonné.

Villebois releva la tête. L'impératrice continua.

— Ainsi, monsieur, j'ai été forcée de venir seule avec un esclave, et de compromettre, par votre faute, le secret de mon arrivée qui ne devait être connu que de vous seul.

A ce moment Villebois regardait l'impératrice dans un état d'ébahissement qui tenait un peu de l'idiotisme et de la folie :

— Quoi, reprit-il en se frottant les yeux, j'ai dit à sa majesté que l'empereur...

—Oui, monsieur, vous m'avez dit que l'empereur me chargeait de recevoir les ambassadeurs suédois ; vous m'avez dit dans quel but ; vous l'avez fait même, avec une présence d'esprit et une lucidité qui ne m'avaient pas fait prévoir qu'un moment après...

— Qu'un moment après je.....dit Villebois en bégayant et avec une sorte d'égarement.

— Qu'un moment après, ajouta rapidement Catherine, vous vous endormiriez comme une brute à la porte de mon antichambre.

Villebois se releva complètement : mais ce mot de brute le choqua tellement qu'il fut sur le point de se récrier, et de chercher à prouver qu'il avait fait autre chose que dormir. Mais un instant de réflexion, si on peut appeler réflexion le doute qui s'éleva en lui sur la réalité de ce qui s'était passé, et de ce qui se passait encore, lui ferma la bouche ; et l'impératrice lui désignant une place à côté d'elle, lui dit :

— Les envoyés suédois vont arriver, restez près de moi, et n'oubliez pas de me seconder dans mes efforts pour les retenir toute la journée hors de leurs vaisseaux.

Villebois obéit, et sur un signe de l'impératrice, les courtisans se rapprochèrent ainsi que les dames de la cour. Parmi celles-ci Villebois put remarquer la comtesse Vaninka qui s'avança hardiment, et à laquelle l'impératrice, fort étonnée de la voir à Pétersbourg sans son ordre, demanda ce qu'elle était venue y faire.

L'esclavage de la noblesse russe n'était pas à cette époque ce qu'il est aujourd'hui. Ce despotisme qui fait qu'il n'y a plus en Russie qu'un homme qui est l'empereur, et des esclaves de divers étages ; ce despotisme n'était pas encore si parfaitement assis, qu'il imposât silence à toute parole. Si on n'osait agir contre lui, on osait du moins lui parler.

Malgré le ton de sévérité de l'impératrice, la comtesse Vaninka qui était fille d'un de ces boyards possesseurs de terres immenses et de nombreux paysans, que Pierre était forcé de ménager, la comtesse Vaninka répondit avec hauteur :

— Madame, j'ai cru que l'empereur était à Saint-Pétersbourg.

— Et qu'avez-vous affaire à l'empereur ? s'écria avec colère Catherine.

— Madame, j'ai à lui demander justice.

— Je crois, reprit amèrement Catherine qu'il vous rend toute celle que vous méritez.

— Celle que je mérite veut du sang, madame,

et je ne pense pas avoir encore demandé la tête de personne.

Ceci faisait allusion à quelques antécédens très connus et très anciens de Catherine; mais la pâleur de l'impératrice à cette réponse eût donné lieu de croire qu'on avait touché à quelque exigence plus récente, si quelqu'un avait pu être dans le secret de sa pensée. Et en vérité je crois qu'il est temps de faire pénétrer le lecteur dans ce secret si nous ne voulons pas qu'il prenne notre récit pour une mystification, comme Villebois, qui depuis quelques heures pensait vivre dans les espaces imaginaires.

Il y a deux sortes d'auteurs de romans et de nouvelles; les uns qui amassent toutes les coutumes d'une époque autour d'un fait imaginaire et en font un roman de couleur locale, d'autres qui prennent un fait historique et l'expliquent par les passions de tous les temps, n'empruntant aux choses passées que l'acte et les noms des personnages. Il y en a une troisième espèce, c'est celle qui n'invente rien, mais qui s'approprie tout ce qui lui convient dans les livres et les conversations pour en faire une histoire où il y a de tout. Enfin il y a une espèce d'écrivains qui n'inventent rien et qui ne s'approprient rien, mais qui répètent tout naïvement par la plume ce qu'ils ont recueilli par l'oreille. Or je déclare que l'histoire que je raconte m'a été révélée mot pour mot par un Russe de mes bons amis. Il avait trouvé le fait de Villebois cité dans je ne sais plus quel livre, et m'avait témoigné son étonnement de ce que celui qui l'avait cité en avait si complètement ignoré les détails. Je les lui demandai ; il me les donna.

Ceux qui précèdent et ceux qui vont suivre ne m'appartiennent pas.

On me pardonnera ce petit préambule avant de poursuivre. La date du jour où j'écris cette histoire sera mon excuse.

Nous sommes en décembre 1835, et les murs de toutes les maisons où pénètre un journal politique, retentissent des reproches faits à la presse d'avoir prêché l'immoralité, et de l'avoir non seulement propagée, mais encore fait naître par ses odieuses productions. Or voici un fait vrai, qui s'est passé dans un siècle vers lequel on tourne des regards de regrets ; dans une classe qui prétend que la corruption et la boue n'existent qu'à la cheville de la société ; et sous une forme de gouvernement où assurément il n'y avait aucune espèce de liberté qui pût pousser au dévergondage, à l'oubli de tous les devoirs, ni à cet individualisme dont on a fait un vice nouveau. Ceci dit pour ma défense, je reprends.

Or, lorsque Pierre-le-Grand avait détaillé son honorable plan politique à Minski et à Villebois, il était sorti pour prendre quelques mesures très nécessaires à l'exécution de ce projet. Mais Pierre-le-Grand, tout grand qu'il fût, avait à côté de son empire à créer, de très petits intérêts à ménager, et fort souvent son très vaste esprit se laissait voir par la très petite science des proverbes.

Il avait voulu faire d'une pierre deux coups.

Ainsi en associant Catherine à l'exécution de son guet-apens contre les Suédois, il rendait justice à la femme de résolution et de courage qui l'avait sauvé plus d'une fois de ces heures de désespoir où souvent il perdait la tête. Mais en l'éloignant de Jelaguin, il cédait à la crainte que lui inspirait la femme jalouse et hautaine qui, en plein bal, avait craché au visage d'une maîtresse de son mari, et qui plus tard en avait fait fouetter une devant ses gens. En même temps il s'assurait le moyen de s'introduire à Jelaguin et d'y passer une nuit d'amour avec la comtesse Vaninka, sans craindre ces visites imprévues que Catherine faisait souvent au milieu de la nuit chez toutes les dames de son palais;

ce qui rendait les entrevues prolongées fort difficiles avec elles.

Catherine se doutait bien que Pierre savait trouver, hors du rayon de sa surveillance, des distractions ou des occupations assez fréquentes. Mais celles-là ne lui inspiraient aucune crainte. Elle oubliait trop, ou peut-être, elle se souvenait assez de la condition où Pierre l'avait prise. Si elle l'oubliait, c'est qu'aveuglée comme sont les parvenus, elle ne pensait pas qu'il y eût une autre femme, parmi celles d'une classe obscure, qui pût inspirer une passion égale à celle qu'elle avait inspirée, ou qui eût l'ambition et l'adresse de saisir une fortune pareille à celle qu'elle s'était faite. Si elle s'en souvenait assez, c'était sans doute pour se rappeler tout ce qu'avaient suscité de haines contre Pierre-le-Grand, la répudiation d'une fille de haute naissance et l'élévation au trône d'une vivandière. Il avait couru trop de dangers pour tenter deux fois la même épreuve. Quelle que fût enfin la raison qui rassurait Catherine sur les amours populaires de son mari, elle avait gardé toutes ses craintes pour les intrigues de cour.

Elle savait que les boyards y poussaient. En effet, quelque appui qu'elle eût trouvé dans le bas peuple, qui l'adorait comme son représentant sur le trône, elle savait trop bien que tout le secours qu'elle en pourrait tirer, en cas de répudiation, n'irait pas au-delà de quelques centaines d'esclaves qui se feraient tuer sur la place publique en criant : vive Catherine ! tandis que les boyards applaudiraient à l'élévation de quelque fille noble et la soutiendraient de tout leur pouvoir sur leurs esclaves, et de toute leur servilité vis-à-vis de l'empereur.

Il ne faut pas penser que la réponse que Catherine fit à la comtesse Vaninka lui fût inspirée par la connaissance qu'elle avait de son intimité avec Pierre. Certes si Catherine avait su jusqu'où les attentions de Pierre avaient été poussées pour cette belle jeune comtesse, ce n'est point ainsi qu'elle l'eût reçue lorsqu'elle se présenta ; ou plutôt Vaninka ne se serait point présentée, car elle eût peut-être déjà disparu de la cour ; peut-être serait-elle morte par accident. Il ne faisait pas aisé vivre quand Catherine soupçonnait des intrigues qui pouvaient l'alarmer. Elle ignorait donc la vérité : mais une fois Pierre avait regardé Vaninka cinq minutes durant, et Vaninka s'était laissé regarder. Cela avait suffi à Catherine pour la prendre en suspicion et pour lui dicter la repartie sèche qu'elle lui avait adressée.

Soit que Pierre-le-Grand, malgré la violence de ses volontés, ne trouvât pas mauvais que sa femme défendît ses droits par des moyens qui ne répugnaient nullement à ses propres habitudes ; soit que, malgré ses infidélités, il eût une vive affection pour l'impératrice, soit qu'il fît les mêmes calculs qu'elle faisait, il se cachait avec soin ; et sa liaison avec Vaninka avait gardé un mystère qui avait trompé la jalousie d'une femme et celle de deux rivaux. Il est facile de comprendre que ce n'avait dû être que par une extrême prudence qu'ils étaient arrivés à ce mystère, et qu'une occasion de se voir une nuit entière dut être pour ces deux amans un de ces bonheurs dont ils profitèrent avec l'ardeur d'écoliers en maraude.

Aussi dès que l'empereur jugea que Villebois devait être parti de Jelaguia avec l'impératrice, il s'y rendit de son côté en toute hâte. La belle Vaninka était prévenue : elle attendait l'empereur avec anxiété, car elle avait d'importantes choses à lui demander, et elle n'était pas sûre que l'empereur fût en état de les entendre.

C'est que les reproches de Minski étaient vrais, c'est que souvent la belle et fière Vaninka avait dû recevoir les caresses avinées de son maître avec la soumission d'une esclave. Mais que ne pardonne point la passion? nous ne parlons pas de l'amour, mais de l'ambition ; et cette passion occupait complètement le cœur de la belle Vaninka, Ceci peut expliquer comment Minski put jouer pendant si long-temps le rôle de son maître sans être reconnu.

Cependant l'empereur s'était heureusement contenu ce soir-là, et il était arrivé fort dispos de corps et d'esprit jusqu'à Jelaguin. Il avait pénétré par la même porte secrète par laquelle étaient entrés Minski et Villebois. Nous avons rapporté la manière dont Minski l'arrêta lorsqu'il était sur le point d'entrer dans l'appartement de Vaninka, et c'est ici qu'il est nécessaire de reprendre notre récit. C'est à ce moment que se passa une scène qui a besoin de toute l'autorité de l'histoire pour être crue.

L'énorme coup de poing ou plutôt les deux énormes coups de poing de Minski avaient parfaitement porté. Pierre en avait été à la fois ébloui et étourdi, il avait vu ce que le peuple appelle si pittoresquement un million de chandelles, et avait été renversé du coup. Il s'était relevé, furieux d'abord de la fureur d'un homme battu, ensuite de la fureur d'un empereur battu, et enfin de la fureur d'un amant battu. Mais au moment où il allait se ruer sur l'ennemi qu'il croyait lui être échappé, il fut de nouveau heurté violemment par un corps inerte qui lui tomba sur les épaules et roula jusqu'à terre, et se retournant avec violence il se trouva face à face avec l'impératrice, le corps de Villebois entre eux deux.

— Vous ici, sire !

— Vous encore ici, madame !

— Que venez-vous y faire ?

— Pourquoi n'avoir pas obéi à mes ordres ?

Ces questions furent faites avec un tel étonnement et une telle rapidité que chacun n'entendit point celle de l'autre. Cependant l'empereur, tout irrité qu'il fût, regarda ce corps immobile qui était à ses pieds et demanda ce que c'était.

— C'est votre messager, sire, c'est l'infâme Villebois.

— Ah ! c'est donc lui, s'écria l'empereur en tirant son poignard, lui qui tout à l'heure a eu l'audace de me frapper au visage !

— Vous êtes ivre comme lui, sans doute ? reprit Catherine; c'est moi qui viens de porter ici cet homme qui s'était endormi dans ma chambre de ce sommeil de brute qui le tient.

— Ce n'est donc pas lui, dit Pierre en remettant son poignard à sa ceinture, et en grondant du ton sourd d'un homme qui croyait tenir sa vengeance et qui est obligé de la chercher ailleurs. C'est donc vous ?

— Ni moi ni lui ne vous avons frappé, sire ; mais ne remettez pas votre poignard dans votre ceinture, il faut que cet homme meure.

— Eh! quelle en est la raison ?

— C'est que s'il ne vous a pas frappé, il m'a outragée, sire.

— Madame, il faut pardonner quelque chose à l'ivresse, dit l'empereur avec impatience, préoccupé à la fois de l'idée des coups de poing qu'il avait reçus et de la manière dont il expliquerait sa venue au palais.

— Sire, reprit Catherine, je vous demande la vie de cet homme, il y a des outrages que rien n'excuse.

— Eh bien, madame, dit Pierre, il sera jugé, et s'il est condamné, il périra.

— Sire, on ne juge pas de pareils coupables, on les tue.

— Pourquoi cela? dit Pierre, surpris de l'accent troublé de Catherine et de sa persévérance à demander la vie de Villebois.

— Parce qu'il faut que l'univers entier ignore l'outrage.

— Quel est donc cet outrage, madame? s'écria Pierre.

Catherine fut embarrassée de la question et du ton dont elle fut faite. Elle comprit que dans ces sortes de crimes les maris en veulent souvent aux victimes autant qu'aux criminels. Elle répondit :

— Que vous importe, si ma dignité de femme et d'impératrice a été assez insultée pour que je me croie autorisée à vous demander la tête de cet homme! Vous est-elle donc si précieuse?

— Plus que vous ne pensez, et aujourd'hui plus que jamais.

— Et par quels motifs?

Alors Pierre expliqua à Catherine quel était le message dont Villebois était chargé, et quel était son propre projet. Puis il ajouta :

— Cependant si le misérable a osé vous insulter au point que vous ne vouliez plus le revoir, il mourra. Il ne faut pas que nos serviteurs puissent jamais trouver dans l'ivresse une excuse pour manquer au respect qu'ils nous doivent. Ce serait un funeste exemple.

Pendant le récit de Pierre, Catherine avait réfléchi. Lorsqu'elle avait emporté Villebois, elle avait un projet que sa rencontre avec l'empereur lui avait fait abandonner, mais auquel les observations de Pierre la firent revenir, elle répondit donc après un moment de silence :

— Sire, l'exemple serait peu contagieux, car j'étais seule avec M. de Villebois lorsqu'il a osé...

— Quoi donc ?

— Il était ivre, sire, et si lui-même pouvait oublier ce qu'il a fait, cette injure serait comme si elle n'avait pas été.

— Si ce n'est que cela, dit Pierre, non seulement il est homme à l'oublier, mais encore il est capable de croire qu'il n'a point quitté Saint-Pétersbourg, si quelqu'un veut se donner la peine de le lui persuader.

— Vraiment? dit Catherine, revenue tout-à-fait à son premier dessein; vraiment? reprit-elle, en s'arrêtant sur ce mot.

Et cette pensée de femme qui l'avait saisie d'abord, lui parut si singulière du moment que son mari en devenait le complice, qu'elle voulut se donner les petites émotions de cette épreuve. En effet, c'était une si étrange position que de se dire : Voilà un homme qui a été un quart d'heure le rival de l'empereur et qui ne s'en doute pas ! que Catherine ne put s'empêcher de rire, et que l'empereur lui dit :

— Eh bien ! madame, que décidez-vous ?

— Laissez vivre cet homme, répondit-elle, car il vous est utile. Il suffit que je sois la première personne à qui il parlera lors de son réveil.

Et pour ne pas avoir à s'expliquer davantage sur sa colère et sur l'injure qui l'avait provoquée, ni sur la pensée qui l'avait si soudainement calmée, elle s'empressa d'ajouter :

— Mais vous-même, sire, qu'étiez-vous venu faire dans ce palais ?

De son côté l'empereur avait eu le temps de réfléchir, et il répondit sans le moindre embarras :

— Après avoir laissé Villebois dans la taverne où je lui avais donné mes ordres, j'ai craint qu'il n'arrivât ce qui est arrivé, qu'il ne s'enivrât et ne sût point bien vous expliquer mes ordres ; je suis accouru, mais je vois que je suis arrivé trop tard.

— Un peu tard, en effet, dit Catherine en riant.

— En effet, dit Pierre du même ton, car il s'estimait trop heureux d'avoir échappé aux questions de Catherine, je suis arrivé trop tard, le misérable m'avait devancé. J'aurais mieux fait de ne charger personne d'un pareil message.

— Je le crois, reprit Catherine.

— Il y a de ces choses qu'on devrait toujours faire soi-même.

— Vous avez raison, dit Catherine toujours en riant, on devrait faire ces choses-là toujours soi-même; mais enfin ce qui est fait est fait, n'en parlons plus, et hâtons-nous d'aller à Saint-Pétersbonrg pour y préparer le succès de votre ruse contre les Suédois.

Pierre aurait bien désiré ne point partir avant d'avoir éclairci l'affaire des coups de poing, mais cela devenait difficile en présence de Catherine; d'ailleurs eût-elle été absente, pénétrer par la violence dans la chambre de Vaninka, c'était vouloir une esclandre qui fût toujours arrivée aux oreilles de l'impératrice, et c'était par conséquent désigner Vaninka à sa vengeance. En outre, l'empereur n'était pas bien sûr qu'on fût entré dans la chambre de Vaninka; il n'était pas sûr que Vaninka, qui le guettait sans doute, n'eût poussé la porte avec violence en entendant venir l'impératrice, et que ce ne fût ce choc qui l'eût renversé. Tout cela s'était passé dans l'obscurité, et si rapidement, que s'il n'eût senti à ses yeux la douleur des coups de poing, il eut douté d'avoir été frappé. Quoi qu'il en soit des bonnes raisons que Pierre se donnait pour s'expliquer cet événement, il lui fallut suivre Catherine à Saint-Pétersbourg.

Catherine alla au palais, et Pierre courut se cacher dans la taverne où il avait donné ses ordres à Minski et à Villebois.

Pierre avait dit à Catherine de lui envoyer un officier, et Catherine lui avait adressé précisément celui qu'elle avait chargé d'aller chercher Villebois à Jelaguin. De son côté, Pierre avait ordonné à cet officier de lui amener Minski quelque part qu'il le rencontrât. L'officier, en exécutant d'abord l'ordre de l'impératrice, avait rencontré Minski s'escrimant avec Villebois, et il avait conduit chacun des deux champions au maître qui l'avait mandé.

Comme nous n'écrivons pas précisément l'histoire de Russie, quoique nous ayons la prétention de faire en ce cas plus d'histoire que les historiens, nous ne demeurerons pas à l'audience que Catherine donna aux envoyés suédois, et nous retournerons à la taverne où Minski avait rejoint l'empereur.

Dès son entrée, Minski crut lire son sort écrit dans les yeux de Pierre, non point dans son regard courroucé et menaçant, mais dans le cercle bleu qui tournait tout autour des paupières et qui témoignait de la vigueur des poings de Minski. L'empereur fit signe à Minski de s'asseoir, et se penchant vers lui, il lui dit d'un ton sec et impératif :

— Écoute, Minski : il y a long-temps que tu désires la charge de grand-trésorier ?

— Sire, répondit Minski avec une douceur qui ne lui était pas habituelle, je ne désire que mériter les bonnes grâces de votre majesté.

— Eh bien! reprit le czar, tu es sûr de les obtenir, si tu peux me trouver un misérable dont je veux tirer une vengeance terrible.

Il se joue de moi, pensa Minski, il me raille avant de me déchirer. Pierre continua :

— Tu connais la comtesse Vaninka, mon cher Minski?

Le malheureux se prit à trembler de tout le cœur qu'il avait.

— Apprends donc que je l'aime, dit Pierre, que j'en suis aimé, apprends ce qui m'est arrivé.

Et tout aussitôt il lui conta l'aventure de Jelaguin. Ce récit rassura Minski, car il fut certain que l'empereur ne l'avait point reconnu. Trompeuse sécurité! à peine le czar avait-il achevé son récit, qu'il donna à Minski un ordre qui rendit toutes ses alarmes au malheureux. Il le chargea d'aller à Jelaguin, de voir Vaninka et de la questionner adroitement pour savoir si ce n'était pas quelque amant préféré qui avait si brutalement interdit l'entrée de l'appartement.

Minski, à cette proposition, trembla de nouveau de toute son ame; il dit qu'assurément l'empereur n'avait point et ne pouvait avoir de rival, et qu'en eût-il un, il n'eût jamais osé lutter avec son maître, surtout à coups de poing; enfin en désespoir de cause, Minski, sans s'en douter, tenta contre l'empereur la ruse que celui-ci avait adoptée contre Villebois; il voulut lui persuader qu'il n'avait point reçu de coups de poing. Mais comme il y avait preuve flagrante, l'empereur ne se trouva pas en disposition d'écouter de mauvaises raisons : il ordonna donc à Minski de se préparer à partir dès qu'il aurait embauché les matelots suédois qui commençaient déjà à se répandre dans les tavernes. Nouvelle difficulté que Minski avait oubliée sous l'empire de son effroi.

Presque aussitôt l'empereur le quitta pour inspecter les travaux de sa ville de façon à n'être reconnu de personne, et Minski demeura seul.

Tout l'accablait.

Alors il reconnut qu'il s'était placé entre deux crimes également pendables, et au lieu de penser à exécuter ses ordres devenus inexécutables, il songea au moyen de faire tomber la faute et le châtiment sur un autre. Cet autre, dans l'esprit de Minski, devait être naturellement Villebois. Accuser Villebois de lui avoir soustrait l'or que l'empereur lui avait laissé, persuader à l'empereur que c'était Villebois qui lui avait donné les coups de poing et qui avait pénétré chez Vaninka, persuader à celle-ci que c'était Villebois qui s'était substitué à l'empereur, tout cela ne parut pas impossible à Minski, et il demeura une demi-heure dans cette complète immobilité de corps pendant laquelle il semble que l'esprit s'attache plus aisément sur la trace de l'idée qu'il poursuit.

Malheureusement l'empereur n'avait rien dit à Minski de l'arrivée soudaine de l'impératrice emportant Villebois hors de sa chambre. Minski savait seulement que Villebois avait passé la nuit à Jelaguin, et il expliquait très naturellement tout ce qui était arrivé. Catherine, après avoir reçu les communications de Villebois, aurait quitté Jelaguin avec un esclave et aurait laissé l'ivrogne dormant dans une antichambre. C'était précisément la même fable que Catherine avait dite à Villebois. Ce point une fois gagné, le reste marchait de soi-même, l'ivresse de Villebois était là pour tout expliquer.

A moitié rassuré de ce côté, Minski pensa à la manière dont il pourrait accuser Villebois de vol. Ceci était d'une bien autre difficulté. Villebois était connu pour homme d'honneur et il ne manquerait pas de témoins à la taverne pour attester qu'on les avait vus jouer légalement deux heures durant. Ce fut alors que Minski prit un parti désespéré, et qu'il pensa à exciter un trouble si considérable que le fil de toutes choses se perdît dans les événemens qui pourraient en arriver.

Dès qu'il eut pris cette résolution, Minski se rendit sur le port, entra dans quelques cabarets où se trouvaient des Suédois, et là les insultant et excitant les ouvriers et les moujicks qui l'entouraient à imiter son exemple, il réussit à élever bientôt des querelles sérieuses. Les Suédois furent poursuivis à coups de bâton : ils étaient armés et se défendaient en regagnant leurs embarcations. Les navires en rade virent ce tumulte et envoyèrent des chaloupes armées pour appuyer leurs matelots, et bientôt tout le bord de la Néva fut le théâtre d'un tumulte effroyable. Il parvint à son comble au moment où les envoyés étaient admis en présence de Catherine. Quelques coups de feu qui furent tirés arrivèrent jusqu'à leurs oreilles ; bientôt des cris de mort aux Suédois ! retentirent de toutes parts, et les envoyés voulurent sortir de l'audience.

Catherine ne sachant comment s'expliquer

un conflit qui ne devait avoir lieu que durant la nuit et lorsque la plupart des officiers seraient à la fête qu'elle avait fait préparer, n'osa faire arrêter ceux qui étaient présens, mais elle les engagea à attendre jusqu'à ce qu'elle se fût informée d'où venait ce trouble. Elle expédia Villebois sur le port. Celui-ci voyant la lutte tellement engagée qu'il n'espéra pas pouvoir l'apaiser, voulut y prendre part. Il se rendit à bord de l'escadre russe qui était toute préparée pour la surprise qui devait s'opérer plus tard ; et donnant l'ordre du combat, il attaqua les navires Suédois avec une audace et une intrépidité qui mirent le désordre dans leurs équipages privés de beaucoup de matelots et d'officiers.

Nous avons déjà annoncé que nous ne faisions pas de l'histoire, ainsi donc nous n'avons pas à rendre compte du combat ni de ses diverses chances. Il nous suffira de dire que Villebois se rendit maître de près de la moitié des navires suédois, et que le soir venu les autres furent obligés de prendre le large en abandonnant les envoyés suédois entre les mains de l'empereur.

Celui-ci, dès que le désordre avait commencé, était rentré dans le palais, et là monté sur une tour fort élevée il avait vu le combat, et avait admiré le courage et l'habileté de Villebois. L'impératrice s'était rendue près de Pierre, et à chaque mouvement hardi de Villebois, l'empereur s'écriait :

— Quel dommage c'eût été si je vous avais écoutée, Catherine; quel homme j'aurais perdu! et peut-être pour une parole peu respectueuse! Quelque impertinence de Gascon! N'êtes-vous pas charmée de ce qui est arrivé?

Quoique ceci fût dit sans intention, cela ne laissa pas que d'irriter l'impératrice, elle ne trouvait la plaisanterie amusante qu'autant qu'elle la faisait : aussi elle répondit avec colère :

— J'en suis tellement charmée que je suis prête à recommencer si votre majesté veut bien me le permettre.

— Allons, allons, dit l'empereur qui, tout à la joie du succès qu'il voyait grandir à chaque instant, n'avait aucune envie de se fâcher; allons, il faut oublier ces choses-là, je tancerai Villebois sur son défaut et tout sera dit : il comprendra parfaitement que je fais semblant d'ignorer sa conduite envers vous, et il n'y reviendra plus.

— Il y reviendra, se dit l'impératrice en

elle-même; maître Pierre, foi de femme, je vous en fais le serment !

Puis elle ajouta tout haut :

—Vous savez ce dont nous sommes convenus, cela me regarde. Notre ruse a réussi, car Villebois croit avoir rêvé.

—C'est très bien, c'est très bien. Ceci est une heureuse journée pour moi, répliqua l'empereur d'un air distrait.

Tout cela était dit pendant que l'empereur armé d'une lunette suivait le mouvement de sa flotte.

Enfin le soir vint ; et tandis que le dehors du palais rentrait dans le silence, l'intérieur en devint singulièrement agité.

Avant d'expliquer comment, et pour en finir avec la partie navale de cette histoire, il faut dire qu'après ce malentendu, les officiers furent rendus, les vaisseaux furent gardés provisoirement, et la guerre était recommencée avec Charles XII, avant qu'on eût pu décider qui avait eu les premiers torts des Russes ou des Suédois.

Cela s'arrangea comme cela s'arrange toujours entre souverains : on se battit, et le plus fort fut le plus adroit, le plus juste, le plus grand, etc., etc., etc.

Cependant Minski s'était audacieusement présenté au palais, et avait facilement bâti un conte, par lequel il avait prouvé à l'empereur qu'après avoir reconnu l'impossibilité d'embaucher les matelots suédois, il avait préféré tenter le coup de main sur-le-champ. Le succès de l'affaire fit de Minski un homme d'une habileté, d'un coup d'œil et d'une détermination remarquables, et l'empereur lui témoigna sa satisfaction en termes pleins de chaleur.

Vaninka était oubliée au milieu de cette ivresse politique, et on attendait Villebois, le véritable héros de la journée. Mais Villebois rétablissait le bon ordre dans le port avant de descendre à terre ; car dès qu'il était en mer, ce n'était plus le Villebois que nous avons vu jusqu'ici : il semble qu'un autre esprit l'animât. Au mouvement de l'Océan, au bruit du canon, on eût dit que les portes de son génie s'ouvraient, et que comme un foyer lumineux caché au fond d'un sanctuaire, ce génie l'inondât de ses rayons et l'échauffât de son feu. Mais une fois l'heure du combat passée, la porte se refermait, la clarté s'éteignait, et Villebois redevenait l'homme gauche, embarrassé et honteux, qui cherchait dans le vin un stimulant à la paresse de son esprit. Bientôt Villebois précédé de ses officiers, parut au milieu des nombreux courtisans qui se pressaient autour de l'empereur ; il était tout noir de poudre, tout déchiré, il avait innocemment gardé les beautés du combat.

Pierre, en le voyant paraître ainsi, ne pensa plus aux scènes de la nuit ni aux outrages faits à l'impératrice, il courut à Villebois, l'embrassa et lui dit :

— Vous êtes le soutien de ma couronne, et je vous en rends un public témoignage. Madame, reprit-il en s'adressant à Catherine, offrez votre main à baiser à M. de Villebois, il est notre grand-amiral.

— Sire, reprit Catherine pour qui c'était une joie de faire toujours marcher ses réponses sur la crête d'une équivoque, au risque d'y trébucher, sire, ce que vous venez de faire pour M. de Villebois est une bien digne récompense de ce qu'il a fait pour vous, et assurément si votre couronne tient à votre tête il n'a pas peu contribué à l'y assurer.

Le malheur de Catherine, c'était de n'avoir qu'elle-même pour confidente des plaisanteries qu'elle adressait à son mari, et à tout risque elle serra la main de Villebois pour voir s'il comprendrait. Mais un seul mot retentissait à l'oreille de

Villebois, celui de grand-amiral, et sa joie eût été complète si l'empereur n'eût presque aussitôt annoncé à Minski qu'il était nommé grand-trésorier. Chacun de ces deux hommes se dit à part :

Minski, — Ce n'était pas la peine de le griser pour qu'il fût fait amiral.

Villebois,—Ce n'était pas la peine de lui avoir gagné son argent pour qu'il devînt grand-trésorier.

Cependant ils en avaient déjà pris leur parti, lorsque l'apparition soudaine de la comtesse Vaninka détruisit toute cette harmonie ; elle s'avança la tête haute, en véritable princesse russe, fort peu troublée, pudiquement parlant, du malheur qui lui était arrivé, mais très en peine de la qualité du coupable et du supplice qu'on pouvait lui infliger.

Quand elle entra dans le salon tous les personnages de cette histoire, à l'exception de Villebois, furent saisis d'un trouble cruel : l'impératrice se rappela quelle fière réponse elle avait reçue de la comtesse, Minski frémit et se cacha parmi les courtisans, l'empereur se rappela les coups de poing reçus; Villebois seul, occupé à regarder Catherine, commençait à reprendre le monologue muet que le combat l'avait forcé à suspendre, et il se disait :

18.

— Il me semble pourtant bien que j'ai eu le bonheur.....

Mais il n'allait pas plus loin, car l'accueil de Catherine le rejetait dans le doute, et il reprenait alors :

— J'ai rêvé.

Pendant ce temps, Vaninka avait mis un genou en terre devant l'empereur, et invoquant une de ces vieilles habitudes barbares qui, à cette époque, laissaient encore à la Russie une individualité propre, une allure indépendante de celle que le despotisme lui a taillée depuis, elle lui avait dit qu'elle venait à lui comme maître souverain de l'empire et chef de toute justice, pour lui demander, en cette qualité, justice directe à lui et point à ses juges, et pour obtenir en outre que cette justice lui fût accordée sur son unique témoignage, comme il le devait à une fille de son rang.

— Je suis prêt à vous entendre, répondit Pierre, et d'un geste il fit éloigner tout le monde.

Pendant ce temps Vaninka, le rouge au visage mais le front haut, s'était relevée et attendait que tout le monde fût retiré.

Cependant Catherine était demeurée et la comtesse Vaninka attendait toujours d'un air décidé. Mais l'impératrice, déjà irritée de sa présence, et pour qui tout ce qui rappelait un privilége de noblesse était insupportable, la mesura à son tour de son regard hautain, et lui dit sévèrement :

— Parlez, madame.

— J'ai demandé justice à l'empereur, madame, reprit la comtesse; et point à l'impératrice.

— Mais l'impératrice veut savoir ce qu'elle vous doit! s'écria Catherine avec une violence qui ne faisait qu'accroître l'air embarrassé de Pierre.

— Ne pouvez-vous parler devant l'impératrice? dit Pierre.

— Je parlerais devant Dieu, sire, car je suis innocente, dit la comtesse Vaninka emportée par sa morgue, et c'est pour cela que je ne puis rien dire que devant son représentant sur la terre, devant le czar.

— Elle a raison, dit Pierre, c'est un droit de notre autorité d'entendre seul la dénonciation des crimes que nous sommes appelé à juger seul.

Catherine fut donc obligée de se retirer la rage dans le cœur. Mais elle se résolut à savoir la confidence que Vaninka avait à faire à son mari. L'insolence de la femme et l'air penaud de Pierre en disaient plus qu'il ne fallait à une femme comme Catherine.

Quand on veut entendre, il y a un moyen qu'on a tourné en ridicule dans nos poétiques entortillées, parce qu'il est admirablement simple, moyen qui semble excellent. Ce moyen c'est d'écouter. Catherine donc écouta. Comment écouta-t-elle? fut-ce derrière une porte ou derrière une vitre ou une portière? fut-ce dans un salon ou dans un couloir? l'histoire ne le dit pas; mais l'histoire dit qu'elle écouta et que, par conséquent, elle apprit que Vaninka était la maîtresse de son mari, et apprit encore l'accident qui était arrivé.

Catherine était cruelle; dès qu'elle sut que Vaninka était la maîtresse de l'empereur, Vaninka fut une femme perdue ou plutôt sacrifiée, et contre laquelle Catherine médita dès ce moment quelque atroce vengeance. Cette vengeance s'offrit d'elle-même, lorsque la comtesse raconta comment elle avait cru que c'était Pierre qui entrait dans sa chambre, comment elle avait accueilli le trompeur, comment... comment...

Au sept ou huitième comment la résolution de Catherine était prise.

Véritable type des femmes qui dominent les

hommes par les hardiesses qu'elles se permettent à côté du plus absolu dévouement ; impératrice prudente et habile à deviner toutes les intrigues qui s'agitaient autour d'elle, mais femme toujours prête à jouer son trône et sa vie sur un mot, quand son orgueil, sa vanité ou son despotisme conjugal étaient en jeu ; Catherine se prit à rire tout à coup avec ces éclats forcés et retentissans qui dénotent une mauvaise imitation de la gaîté. Elle entra intrépidement dans le salon où était l'empereur ; et, de la voix, du rire et du geste, appelant tous les courtisans dispersés dans les autres salons, elle leur dit, parmi ses rires inextinguibles et qui avaient quelque chose d'insensé :

— Vous ne savez pas (et elle riait), vous ne savez pas le crime affreux pour lequel madame a demandé la justice de l'empereur (et elle riait à gorge déployée) ! il paraît que madame attendait un amant (l'empereur pâlit, la princesse devint froide, Catherine rit avec fureur et continua) ; mais un plus adroit que l'amant s'est glissé dans la chambre de madame et s'est assuré pourquoi elle attendait quelqu'un, il s'en est parfaitement assuré (et elle riait et on riait avec elle), quoiqu'elle y ait mis toute la résistance possible, à ce qu'elle dit.

A ce moment Minski se dit tout bas : — Elle a menti, par Dieu ! elle s'y est prêtée de bonne grâce ; et Villebois s'écria tout haut :

— Et elle a dit vrai !

Tout le monde demeura pétrifié à cette interruption, l'impératrice plus que personne, Minski plus que l'impératrice.

— Oui, continua Villebois, je suis le coupable, et ce n'a été que par la violence la plus brutale que j'ai vaincu la vertu de cette noble dame ; aussi suis-je prêt à lui en donner la satisfaction la plus éclatante.

Il est peut-être facile de concevoir par quel travail d'imagination Villebois, qui était à peu près sûr d'avoir été très criminel envers une femme qu'il avait cru être l'impératrice, se trouvant forcé de reconnaître qu'il n'en était rien par l'accueil qu'il en avait reçu, avait naturellement transporté son crime sur une personne qui déclarait en avoir subi un semblable dans la même nuit, dans le même lieu, et avec des circonstances pareilles. L'ivresse seule, pensa-t-il, l'avait bien empêché de se rappeler l'exacte vérité. En outre, il aimait Vaninka et venait d'être nommé grand-amiral, c'était un coup de maître pour posséder la comtesse, et il tenta l'aventure. Minski se dit tout bas :

— Est-ce que ce Villebois est fou ?

L'impératrice devina facilement ce qui s'était passé dans le cerveau de Villebois. Mais l'empereur, qui se rappelait parfaitement le trouble de l'impératrice dans la nuit précédente, l'outrage qu'elle disait avoir reçu, la manière dont elle avait demandé la vie de Villebois, devina aussi, à peu près ; et, dans un transport de rage indicible, il s'écria :

— Quoi ! toutes deux !

L'impératrice seule comprit et trembla à son tour. Pierre, furieux de l'audace de l'impératrice et de l'insulte faite à Vaninka, de ce qu'il comprenait et de ce qu'il ne comprenait pas, Pierre était pâle, sa figure s'agitait d'une contraction qui lui était habituelle quand la colère le dominait. Catherine fit signe à tout le monde de s'éloigner, donna l'ordre de faire arrêter Villebois, et chargea Minski de conduire la comtesse Vaninka dans un salon voisin. La rage de Pierre était sans doute à son comble, mais cependant il conservait encore assez de raison pour ne pas vouloir de témoins à l'étrange explication qui allait avoir lieu. Il laissa donc exécuter les ordres de l'impératrice, puis, dès qu'il fut seul avec elle, il s'écria :

— Ah ! madame, vous ne trouvez plus maintenant que cela vaille la peine d'être raconté devant tout le monde?

Mais Catherine avait repris en un instant toute sa présence d'esprit, et elle répondit paisiblement :

— Quoi donc, sire, les visions de ce fou de Villebois? non assurément, car il ne faut pas vous mettre dans la nécessité de punir un homme si indispensable à la grandeur de votre empire.

— Comment! madame, c'est vous qui me tenez ce langage, après ce que ce Villebois a osé!

— Après ce qu'il a osé contre votre maîtresse, répliqua Catherine.

— Non reprit Pierre avec rage, ce n'est pas lui; maintenant que j'y réfléchis, ce ne peut être lui qui m'a renversé au moment où j'allais entrer chez la comtesse, et qui s'est introduit chez elle au moment où je vous ai rencontrée le portant dans vos bras; ce ne peut être lui.

— Sans doute, ajouta Catherine, c'était un autre, et la résistance dont se vante la comtesse n'a pas été bien violente sans doute, car durant une demi-heure que nous sommes restés dans l'antichambre qui communique à son appartement nous n'en avons rien entendu.

— Mais, madame, dit Pierre amèrement, qui donc a résisté à Villebois, et qui donc a-t-il vaincu malgré cette fière résistance?

— Sire, répondit Catherine effrontément, une injure ignorée de celui qui l'a faite, est comme si elle n'avait pas été, si celui qui l'a reçue veut l'oublier de même. Écoutez-moi, sire, c'est l'impératrice qui parle à l'empereur et non la femme au mari; que gagnerez-vous à ce que le monde sache la vérité? la tête de Villebois; elle vous est plus utile sur ses épaules qu'au bout d'une perche. Y gagnerez-vous le respect? le respect ne s'est pas enfui, car on ignore qu'il y ait eu offense. Je ne vous parle pas de moi, car il faut que Villebois soit innocent pour que je reste pure. S'il périt, vous me faites monter en prostituée sur l'échafaud de Villebois : cette nuit c'était bien différent, un coup de poignard eût tout fini. A cette heure tous les esprits sont excités à pénétrer le mystère de cette affaire; ils y arriveront. L'impératrice outragée et salie, l'empereur ridicule et bafoué, voilà où nous mènera l'éclat.

— Tu as raison, Catherine, dit Pierre en grondant, car je ne te crois pas coupable...

— Et Villebois ne l'est pas autant que vous pensez, dit Catherine, qui au fond ne voulait rien avouer de positif, un homme ivre est capable de si peu de chose.

— Mais quel est l'infâme, reprit l'empereur, l'infâme qui s'est introduit chez Vaninka ?

— Ce sera votre punition de l'ignorer, sire ; la punition de Villebois sera d'épouser la comtesse Vaninka qu'il croit n'avoir appartenu qu'à lui, et la punition de la princesse sera d'épouser un homme qui ne sera ni l'empereur qu'elle voulait me ravir, ni celui qui a pris sa place et qu'elle a si bien accueilli.

— Mais quel est ce misérable ? reprenait sans cesse Pierre, qui, bien assuré, malgré les termes à moitié négatifs de l'impératrice, que Villebois l'avait remplacé près de sa femme, tenait à savoir qui l'avait remplacé près de sa maîtresse. Mais quel est ce misérable ?...

— Sire, dit Catherine, tout le monde est dupe en cette affaire.

— Vraiment oui, reprit l'empereur, mais il me semble que je le suis plus que personne, et de deux côtés, et dans une nuit.

— En verité, reprit Catherine impatiente, je ne comprends pas comment vous vous occupez si long-temps de si peu de chose. Par pitié pour votre maîtresse faites-les appeler ; elle peut croire que je veux pousser ma vengeance plus loin.

— Et par pitié aussi pour Villebois? dit Pierre.

— Oh! sire, fit Catherine, pouvez-vous penser...

— Oh, reprit Pierre, les femmes! les femmes! qui peut les deviner?

— En ce cas, sire, je ne le céderais pas à ma rivale.

— Pardieu! je lui cède bien ma maîtresse après qu'il m'a pris ma femme!

— Savez-vous, sire, qu'il y a peu de situations plus plaisantes que la nôtre?

— Oui, oui, fit Pierre en riant du bout des dents, c'est très plaisant; mais finissons-en, vous savez que je ne suis pas très rieur.

On appela la comtesse, qui entra accompagnée de Minski, et Villebois parut un moment après. L'impératrice se chargea de la scène, et s'adressant à Vaninka, elle lui dit :

— Que demandez-vous, madame, comme justice du crime commis envers vous?

— Je demande, répondit la comtesse, d'un ton aigre-doux, que le coupable soit obligé de m'épouser en réparation de son insulte, et qu'il soit ensuite mis à mort.

— C'est trop de deux châtimens pour un crime qui n'est pas bien prouvé, reprit l'impératrice, il faut choisir.

— Et il faut épouser Villebois ! dit Pierre avec violence. Comtesse Vaninka, je vous traite mieux que vous ne méritez en vous accordant une pareille réparation, vous le savez mieux que moi ; tenez-vous donc pour heureuse du mari que je vous donne, et du pardon que j'accorde au misérable qui s'est introduit chez vous.

— Quoi ! sire, vous lui pardonnez ? s'écria Minski.

— Sans doute, et ta haine pour Villebois te rend ce pardon odieux, n'est-ce pas ?

— Quoi ! reprit Minski, sans répondre à l'empereur, vous lui pardonnez, et vous en donneriez pour gage votre parole impériale ?

— Oui, je la donne.

— Eh bien ! s'écria Minski, en tombant à genoux, pardonnez au vrai coupable !

L'impératrice, à cette déclaration, tomba à la renverse sur un siége, en riant à faire retentir le palais. L'empereur demeura pétrifié; Villebois demeura stupide, et la comtesse demeura les yeux baissés.

— Quoi ! c'était toi ? s'écria l'empereur.

— Oui, sire, dit la comtesse, Minski m'a rappelé des circonstances qui prouvent.......

— Mais moi ! s'écria Villebois, moi, il me semble...

— Vous, lui dit Pierre, en le regardant de ses yeux ardens et comme pour lui clouer ces paroles dans le cerveau, vous, vous AVEZ RÊVÉ.

— C'est possible, reprit Villebois effrayé, c'est possible.

L'air du malheureux arracha un sourire à l'empereur. Puis il se tourna, et dit à Minski :

— Demain vous partirez pour le gouvernement de Novogorod avec votre femme.

— Oui, sire.

— Vous Villebois, demain vous serez à bord de la flotte.

— Oui, sire.

Et aussitôt l'empereur sortit.

Minski s'éloigna avec la princesse Vaninka, et Villebois demeura seul avec l'impératrice qui, passant devant lui, lui toucha le front du doigt, et lui dit avec un sourire agaçant :

— Pauvre fou, vous avez rêvé.

Villebois était Français, Gascon, et avait été de la cour du grand roi. Il sourit à son tour à l'impératrice avec un regard malicieux, et répondit :

— Si j'ai rêvé tant mieux.

Eh! pourquoi? dit-elle.

— C'est que j'aime mieux mon illusion, que la réalité qu'on m'offrait.

Catherine rougit et se sentit émue au cœur de la naïveté flatteuse de la déclaration.

Il y eut un moment d'incertitude où elle balança entre une réponse à double entente qui eût dit le mot de l'énigme, et une sévère leçon à l'imprudent.

Villebois lui parut charmant d'esprit après avoir était sublime soldat. En outre, c'était un amant tout fait, et pour une impératrice c'était un grand point. Il n'y avait qu'un mot à dire, et cette intelligence si difficile à établir entre un sujet et une reine, se trouvait avoir franchi tous les obstacles ; Catherine pesa tout cela pendant les deux secondes qu'elle mit à regarder Villebois. Mais une considération puissante la fit taire.

On peut croire que ce fut devoir conjugal, mais l'histoire nous garantit que jamais pareille chose n'arrêta Catherine : on peut supposer que ce fut esprit de justice qui ne voulut pas que Pierre gagnât un rival à cette affaire, après y avoir perdu une maîtresse, mais autant eût valu Villebois que celui qui vint à sa place.

On peut s'imaginer que le vice bachique de Villebois épouvanta l'impératrice, mais elle y était fort accoutumée de la part de son mari et de beaucoup d'autres ; rien de tout cela ne l'arrêta. Ce qui empêcha Catherine de répondre à Villebois un mot assez adroit pour lui faire entendre qu'il était compris, ce qui l'empêcha de prendre un amant, qui lui plaisait au fond, ce fut une véritable idée de femme, une de ces idées qui dénotent chez elles ce besoin incessant d'aiguillonner leur imagination : elle se dit en regardant Villebois :

— Bah! ce ne serait plus si drôle.

Et voici tout simplement pourquoi Villebois ne fut pas une seconde fois l'heureux soutien de la couronne impériale ; et elle ajouta tout haut et sévèrement :

—Il n'y a que les sots qui croient aux rêves.

Quant à Villebois, il gagna à cette décision une protection de Catherine, plus constante que ne l'eût été son amour. Toutes les fois que son emploi de grand-amiral lui permettait d'être à la cour, il y était reçu avec une faveur marquée. C'était alors pour l'impératrice un piquant plaisir que de le ramener au souvenir de cette nuit d'ivresse, et de jouir de son air embarrassé.

— J'ai rêvé, j'ai rêvé! disait Villebois.

Enfin dans un souper auquel l'empereur assistait avec Catherine, Villebois qui était assis près d'elle, fut tellement poursuivi de quolibets sur ce fameux rêve, et cela par Pierre lui-même à qui le vin avait ôté toute raison, que l'amiral se leva et répondit avec assurance :

— Eh bien ! je vais vous raconter mon rêve.

— On vous en dispense ! dit vivement Catherine.

— Bah ! dis toujours, répondit Pierre en buvant ; voyons, qu'as-tu rêvé ?

— Votre majesté ne se fâchera pas ?

— Non, certes...

— Eh bien, sire, j'ai rêvé...

— Villebois ! reprit tout bas l'impératrice, taisez-vous.

— J'ai rêvé...

— Vous me perdez.

Villebois se rassit, et répondit tout simplement :

— Eh bien ! sire je n'ai rien rêvé.

Le genou de l'impératrice le remercia, mais il n'était plus temps, il y avait dix ans de passés.

COELINA.

Coelina.

Mme la baronne de Villois était une grande femme sèche, mal venue à sa taille de cinq pieds cinq pouces comme à son titre de baronne, nulle en tout ce qui distingue physiquement une femme d'un grenadier; riche en ce qui peut les confondre moralement. Elle avait pour mari M. le baron de Villois, se disant général et Espagnol, appuyant ces deux prétentions, la première, d'une boutonnière garnie d'un ruban si confusément rayé de rouge, de bleu, d'orange, de vert, de noir, qu'on pouvait dire qu'il avait toutes les décorations de l'Europe sans pouvoir désigner une seule de celles qu'il avait ; la seconde, d'un langage barbouillé de terminaisons en *a* et en *o*, en *as* et en *os*, qu'il appelait son ignorance de la langue française. Du reste, très soupçonné de voler à l'écarté (ceci ce passait en 1822). Nous autres jeunes gens qui n'avions rien à faire qu'à nous moquer des vieilles femmes qui font patienter leur âge mûr jusqu'à cinquante ans, comme un créancier dans l'antichambre, nous avions appelé la baronne de Villois Mme Carmin. Ce nom n'avait d'autre origine qu'une phrase habituelle de Mme Villois : « Je ne puis pas souffrir les femmes qui mettent du carmin. » En raison de quoi elle se plâtrait le visage d'un rouge brique tout-à-fait odieux. Le ruban du mari lui avait valu le sobriquet d'Arc-en-Ciel. Avec la tournure de la baronne, la réputation du baron et leur style à l'avenant, ces deux personnes avaient de rares priviléges. Le plus inconcevable était d'être reçus dans quelques salons de bonne compagnie; un autre non moins étrange, d'avoir pour fille une admirable personne, distinguée de corps, de tête, de langage, d'esprit, quelque chose de mieux qu'une femme ravissante, car elle était souverainement froide et retenue. Quant au dernier privilége des Villois que les méchans expliquaient par le second, il consistait à avoir pour ami un certain M. Ourdan, homme supérieurement spirituel, de manières parfaites, fournisseur échappé aux regorgemens de l'empire et aux liquidations de 1815, riche à éclabousser les simples millionnaires, causeur adorable : il avait connu tout l'empire, hommes et contrées ; il savait des histoires burlesques ou épouvantables sur tous les noms célèbres qui tombaient par hasard dans l'intime conversation qui survivait d'ordinaire entre huit ou dix privilégiés au tumulte de la soirée où M. Ourdan n'arrivait jamais qu'à une heure du matin. Ces bonnes orgies d'esprit dévergondé, nommé médisance par les sots qui en étaient exclus, commençaient d'ordinaire à deux heures du matin et finissaient à quatre par un souper délicat désigné par les adeptes sous le nom de *morceau sous le pouce*. C'est là que régnait M. Ourdan.

Souvent nous avions voulu retenir la baronnie Villois dans ces réunions attardées, mais M. Ourdan ne l'avait jamais souffert ; il ne nous en donnait pas d'autre raison que sa haine pour un grand, énorme, riche monsieur, marié à une spirituelle et gracieuse femme que nous aimions beaucoup, et qu'il traînait partout comme un gros cheval normand attelé à un frêle tilbury. Cet homme faisait des calembours et en riait à foison. « Jamais, nous disait M. Ourdan, je ne donnerai à ce butor l'avantage de ne pas être le plus bête de la soirée. » Quoiqu'il fît si aisément les honneurs de l'esprit des Villois, M. Ourdan ne permettait pas la moindre plaisanterie sur leur compte, et se montrait impatient des éloges qu'on donnait à leur fille Cœlina. Ce nom de Cœlina était peut-être la seule chose qui fût du fait des Villois dans cette adorable personne, aussi n'avaient-ils pas manqué à le choisir stupidement ridicule. Il en arrivait que beaucoup de gens, en entendant ce nom étrange, continuaient le titre du livre où les Villois l'avaient puisé et ajoutaient : *Ou l'enfant du mystère.* Et alors, Ourdan murmurait avec colère un de ses sophismes solennels : « Je n'ai rencontré nulle part tant de sots que chez le peuple le plus spirituel de la terre. » Le peu de personnes qui pénétraient chez les Villois en rapportaient de singulières observations. C'était un grand appartement où il y avait suffisamment de chaises, de fauteuils, de rideaux, de glaces; une pendule sur chaque cheminée avec ses candelabres aux deux bouts; une de ces maisons meublées par le tapissier et non point par l'habitation; tout ce qui peut appartenir à tout le monde, rien de ce qui ne peut être qu'à une seule personne. La curiosité de notre coterie avait, pendant une semaine entière, relayé des visites chez les Villois pour y deviner quelque chose; mais Cœlina avait fait salon durant ces huit jours et sans désemparer d'une heure; Ourdan n'avait point paru; nous connaissions l'emploi de ses nuits et des heures de sa matinée exclues du droit de visite : nous ne savions plus que penser d'Ourdan, de Cœlina, des Villois. Nous étions piqués au jeu comme des provinciaux. De cette curiosité déçue naquit un complot. L'un de nous fut choisi pour jouer une passion fatale aux pieds de Cœlina, un autre fut dévoué à faire la cour à la baronne. Le premier nous trahit. A la seconde entrevue il devint fou de Cœlina : c'était un allié perdu. L'intrépide séducteur de madame Villois marchait devant lui comme un furieux et les yeux fermés, il ne demandait plus que vingt-quatre heures pour être arrivé à tous les droits d'un homme aux confidences d'une femme, lorsque dans ces vingt-quatre heures tous les Villois, père, mère et fille, disparurent subitement de Paris pour ne reparaître que quatre mois après en Italie, comme ces plongeurs qui s'engouffrent tout d'un coup sur un côté de la Seine et ne se remontrent qu'à l'autre bord. Ces quatre mois de la vie des Villois se passèrent entre deux eaux sans qu'on pût découvrir quelle route ils avaient prise, ni s'expliquer comment ni pourquoi Cœlina avait été annoncée dans les salons de Naples sous le nom de comtesse d'Andressi, et y étalait une opulence si respectable, qu'elle tenait lieu du comte d'Andressi dont personne n'avait jamais eu la moindre connaissance. Quelques-uns prétendaient cependant que ce nom avait appartenu autrefois à une riche et noble famille du Piémont, ruinée et disparue dans la révolution. On essaya de pénétrer Ourdan sur ce mystère : il tourna le dos aux hommes, rit au nez des femmes et ne garda d'autre rancune de notre essai de perfidie que d'appeler à tout propos le poursuivant de la baronne, mon brave. Le mot se répandit. N'ayant plus de Villois à sacrifier, nous nous tournâmes contre notre complice. Il n'abordait pas un de ses amis qu'il ne s'entendît nommer mon brave; il en rit d'abord, puis s'en fâcha; il en résulta trois duels qui désorganisèrent nos nuitées. Le monsieur aux calembours y fut tué. Quand on l'apprit à Ourdan, il dit froidement : Toute chose en ce monde a son bon côté. Puis il se fit l'amant de la veuve, et les Villois furent oubliés.

Je changeai de monde, je quittai les restes expirans du bel esprit impérial, et je me rapprochai des peintres et des hommes de lettres qui perçaient péniblement la croûte romaine où étaient enfermés tous les arts, comme une macédoine de gibier dans un pâté de Chartres. Dans un salon où ils étaient admis en grand nombre, je rencontrai un beau jeune homme, exalté, grand artiste de cœur, fécond en paroles inspirées de nobles mouvemens, mais désordonné, trop tumultueux encore pour que la langue et le pinceau ne manquassent pas souvent à l'élan de sa pensée ; de là bizarre, mal compris, rebuté, et retombant de ces jets impétueux dans une tristesse lourde, dormante, immobile. Il s'appelait George Leister, et était marié à une femme plus âgée que lui, elle pouvait avoir vingt-huit ans. Madame Leister, qui s'appelait Thérèse, était une séduction incarnée. Petite, délicatement faite, souple et lente, elle avait un visage qui souriait si négligemment quand on la flattait, et qui s'exaltait d'une si avide attention quand on louait son mari, qu'on commençait à l'adorer pour s'arrêter à la respecter. Cependant, ses grands yeux noirs, ses cheveux si noirs qu'ils donnaient de la blancheur à sa peau un peu brune, tout cela semblait promettre une fougue de passions qui devait rompre tôt ou tard le cercle étroit de la vie uniforme qu'elle menait.

Leister était arrivé depuis un an à Paris. Il y tenait une maison aisée, y jouissait d'une existence oisive et qui supposait une fortune faite. Cependant on ignorait sur quoi reposait cette fortune, on ne savait pas davantage ses antécédens ni ceux de sa femme. Mais un homme qui n'emprunte point d'argent, qui ne s'endette pas et qui n'est pas à marier peut vivre vingt ans à Paris sans que personne s'informe ni d'où il sort, ni de ce qu'il peut être. Je le voyais souvent, et quelquefois j'avais eu à remarquer dans ses habitudes et parmi la gaieté de ses soirées, quelques-uns de ces longs silences, de ces oublis de ce qui nous entoure, où l'esprit s'absente du présent pour retourner au passé et s'y occuper de quelque infortune ou de quelque félicité qui domine toute la vie. Averti dans ses rêveries par l'humeur de Thérèse, il s'en éveillait avec éclat, et c'est dans ces momens qu'il devenait parleur exalté, bruyant, paradoxal; il fallait que le souvenir où il se plongeait fût bien profond pour qu'il lui fallût un si grand effort pour s'en arracher. Tous ses amis avaient remarqué ces contrastes. Moi qui l'aimais, j'y avais cherché une cause : les autres en faisaient son caractère. Avec le caractère, les indifférens expliquent tout. Il n'y a point de peine cachée qui s'agite convulsivement dans le cœur d'un homme qu'on ne traduise facilement en caprice. Leister était un homme fantasque. Cela dit, il pouvait se brûler la cervelle sans qu'il y eût de quoi s'en inquiéter.

Tout cela durait depuis deux ans, lorsqu'un jour en arrivant chez Leister, je le trouvai plus soucieux qu'à l'ordinaire; mais d'un souci présent, d'une peine active. Il était agité, il était colère, il tournait dans son cabinet comme un homme qui ne sait sur quoi jeter son humeur. Sa femme pleurait dans un coin.

— Eh! mon Dieu! qu'y a-t-il? lui dis-je lorsque je vis qu'il ne pensait pas à me parler.

— Il y a que je quitte Paris, me répondit-il.

— Mais pourquoi? repris-je aussitôt.

A cette question, il devint tout-à-fait furieux, et, prenant un air de hauteur, il me répliqua :

— Est-ce que je vous dois compte de mes actions?

Je me contentai de prendre mon chapeau et de sortir; Thérèse s'élança vers moi en s'écriant :

— Ne prenez pas garde à ce qu'il dit, il est fou aujourd'hui !

Leister était tombé dans un fauteuil en pressant sa tête de ses poings fermés, Thérèse ajouta tout bas :

— Il est sorti ce matin de fort bonne heure. Deux heures après, il est rentré dans l'état où vous le voyez, et, au lieu de me répondre, il m'a jeté un paquet de billets de banque sur la table en me disant : Soldez toutes les dépenses de votre maison, nous quitterons Paris demain.

Dans le premier instant, j'avais pensé à des embarras d'argent, ceci paraissait devoir détruire ce soupçon.

Un moment après, George se leva, il vint à moi, me tendit une main et l'autre à Thérèse :

— Elle a raison, me dit-il, je suis un fou, je m'irrite comme un enfant, je me frappe la tête contre des murs de fer, et je n'avance à rien qu'à faire du mal à moi et à ceux que j'aime. Maintenant c'est fini.

— Et vous ne partez plus ?

— Je pars, reprit-il froidement. Je pars demain.

— Si promptement ! lui dis-je.

— Oh ! s'écria-t-il en s'emportant de nouveau,

ce soir, tout à l'heure si je le pouvais, jamais assez tôt pour la fuir.

— Qui donc? s'écria Thérèse en se dressant tout à coup devant lui avec une explosion de doute et de jalousie qui éclata dans les regards ardens dont elle cherchait à le pénétrer.

Leister ne fut point blessé du ton impératif de cette interrogation, tant il demeura stupéfait du mot qu'il avait laissé échapper; il chercha à répondre en plaisantant, mais il s'embarrassa dans sa phrase; puis, obsédé du regard inquisiteur de sa femme, et irrité du sourire amer dont elle accueillait sa réponse, il finit par lui dire :

— Vous êtes folle, Thérèse; puisque je vous dis que nous partons!

Il sortit de la chambre et me laissa seul avec madame Leister. Elle était demeurée à la place où elle s'était levée devant lui, immobile et pensive; enfin, elle résuma tout le tumulte de son ame en un mot, elle me regarda en mâchant convulsivement ses lèvres du bout de ses dents, et me dit d'une voix altérée :

— George me trompe, monsieur.

— Madame...

— Oh! s'écria-t-elle en m'interrompant violemment, il m'a toujours trompée!

Je ne comprenais rien à tout cela, je n'étais pas fort épris du rôle de pacificateur entre deux époux irrités ; cependant je ne pouvais ni m'en aller, ni rester sans rien dire. Madame Leister marchait vivement dans sa chambre. Je me rappelai quelques-unes des phrases banales appliquées communément à ces sortes de crises, et je dis le plus paternellement que je pus à madame Leister :

— Allons, madame, vous n'êtes pas raisonnable.

Elle secouait la tête en poursuivant ses propres pensées.

— George vous aime.

Elle laissait échapper un sourire brusque.

— Il n'aime que vous.

— Qui sait ? dit-elle amèrement.

— Votre mari est un homme d'honneur.

— C'est qu'il n'est pas mon mari, me dit-elle en s'arrêtant en face de moi et en écrasant du poids de ses regards fixés sur les miens la niaiserie de mes consolations. Puis elle continua à voix basse, mais résolue :

— Non, monsieur, non, il n'est pas mon mari. Il m'avait promis...

Leister rentra.

— Ne lui dites rien, me dit Thérèse rapidement, je vous conterai tout.

Leister paraissait tout-à-fait calme.

— Mon ami, me dit-il, vous dînerez avec nous, n'est-ce pas ? C'est peut-être mon dernier jour d'amitié, continua-t-il tristement, car je vous aimais, vous. Il faut m'exiler, il faut que j'aille en Angleterre, et peut-être un jour faudra-t-il que je quitte l'Angleterre pour l'Amérique, et l'Amérique pour le désert ou pour la tombe.

Tandis qu'il parlait ainsi, doucement et d'une voix abattue, des larmes étaient venues aux yeux de Leister. Je ne lui avais pas répondu.

— Ne me refusez pas, ajouta-t-il, ou je croirai que vous m'en voulez.

— Non, m'écriai-je, je reste. Mais comme j'avais une invitation bien promise, permettez-moi d'écrire un mot pour me dégager.

Je pris une plume. Leister sonna un domestique. En remettant ma lettre à cet homme je lui dis tout haut :

— Chez M. Ourdan, rue...

— M. Ourdan! s'écria George vivement. Vous connaissez M. Ourdan ?

— Beaucoup.

— Et c'est chez lui que vous deviez dîner ?

— Chez lui.

— Vous le connaissez? lui dis-je à mon tour.

— Oui, reprit George d'un air indifférent; c'est mon banquier.

— Ah! répliquai-je assez étourdiment, je le croyais retiré des affaires.

— Cependant, dit George sèchement, il fait les miennes.

Mme Leister nous regardait causer, l'œil attaché sur nos paroles, comme pour y découvrir quelque chose. Le silence où nous tombâmes tous trois ne me montrait guère d'issue prochaine lorsque le domestique me dit :

— Où demeure ce M. Ourdan ?

Je lui donnai l'adresse, assez étonné qu'un domestique que je savais depuis trois ans chez Leister ne sût pas où demeurait l'homme qui faisait les affaires de son maître. Mme Leister profita de l'occasion pour rompre l'embarras de notre situation par quelques phrases d'usage.

— Je vous remercie, me dit-elle, du sacrifice que vous voulez bien nous faire d'une réunion sans doute très brillante.

— Oh! madame, lui répondis-je en me croyant sur un terrain où la conversation pourrait marcher en sûreté, je ne me fais point un mérite de préférer mes amis à mes connaissances.

Cependant j'avoue que ce dîner avait un grand attrait pour moi, car je devais y revoir une personne qui m'a singulièrement occupé.

— Une femme ?

— Une femme belle, jeune, spirituelle, parfaite.

— Et comment se nomme cette merveille ? me dit Mme Leister en me raillant de ce sourire dont les femmes accueillent l'éloge d'une autre femme lorsqu'elles le croient exagéré par la passion.

— De mon temps, lui répondis-je, elle s'appelait Mlle de Villois ; maintenant elle se nomme la comtesse d'Andressi.

— De votre temps ? me dit Leister d'une voix serrée à la gorge, et en me dévorant d'un regard où il y avait autant d'épouvante que de fureur ; de votre temps ? répéta-t-il.

— De mon temps, répondis-je tout interdit et presque en balbutiant, veut dire du temps où je la voyais... dans le monde... fort rarement, car je n'ai jamais été admis chez elle. Mlle de Villois était une femme sur laquelle on ne pouvait tenir aucun propos.

Et pendant que j'entamais assez gauchement l'apologie de Mlle de Villois, comme si je l'eusse défendue devant son juge, sans trop me rendre raison de l'intérêt que pouvait y prendre Leister, et même sans savoir s'il y prenait quelque intérêt, poussé par je ne sais quoi qui m'avertissait que je m'étais fourvoyé; Mme Leister, plus rapide que moi à comprendre l'exclamation de son mari, et voulant lui renfoncer le trait que je cherchais à retirer, et qui l'avait jeté hors de lui, Mme Leister se prit à dire d'un ton dont la légèreté affectée ne déguisait pas complètement l'intention :

— Oh ! mon mari n'a que faire de la vertu de Mlle de Villois, ni moi non plus. C'était donc votre maîtresse ?

— Sur mon honneur ! madame, m'écriai-je, je vous proteste...

— Ah ! s'écria Thérèse en éclatant de rire, vous rougissez.

Leister était livide. Mme Leister frissonnait dans son rire.

— Madame, répondis-je d'un ton à imposer à sa prétendue gaieté, sur mon honneur, je n'ai jamais connu Mlle de Villois que comme une femme digne des respects du monde entier.

J'avais exagéré la réponse pour mettre fin aux plaisanteries de Mme Leister. J'étais en veine de maladresses. George haussa les épaules, et sa femme me répondit d'un air sec :

— Je vous crois, monsieur, et je crois que cette demoiselle s'est acquis plus d'un défenseur de sa vertu.

Elle finit sa phrase en l'appliquant du regard au visage de son mari : mais George était redevenu indifférent en apparence. L'épigramme tomba à terre repoussée par son impassibilité, et l'on vint nous prévenir que le dîner était servi.

J'étais tout abasourdi et fort contrarié, abasourdi de tout ce que je venais d'apprendre, et peut-être encore plus de ce que je ne savais pas, mais de ce qui se laissait deviner de romanesque et peut-être de tragique dans les réticences de George, dans son départ précipité, le jour même de l'arrivée de Cœlina, qu'il connaissait assurément, et dont la réputation le touchait en quelque chose; puis la confidence de Mme Leister : tout cela allait et venait dans ma tête confusément, comme un mélange incohérent de circonstances auquel il ne fallait cependant qu'un mot pour les accorder, les mettre ensemble, et en faire un drame complet : il en est de même d'un orchestre dont les instrumens préludent pêle-mêle, et qui à l'archet du maître se réunissent dans un commun accord, partent du même pied, et font une parfaite harmonie. J'étais contrarié de l'humeur de Mme Leister, qui probablement ne tiendrait plus la confidence promise; quoiqu'il me semblât que j'en apprendrais davantage du côté de George, ou du moins du plus original que de la part de sa femme. Je calculai que de ce côté c'était quelque vulgaire séduction d'une fille de bonne maison tombée dans la détresse, avec une promesse de mariage; enfin ce qui constitue l'ordinaire des filles séduites. Mais George était silencieux ce soir-là, et en général peu confiant. Après beaucoup d'hésitations, je me décidai à me retirer pour aller rejoindre M. Ourdan aux Italiens, où il devait être avec la comtesse d'Andressi. J'avais eu d'abord la tentation d'annoncer l'emploi de ma soirée pour voir l'effet que je produirais. Mais je ne savais pas à quel degré était chargée la mine à laquelle j'aurais mis le feu, et je m'abstins. Pendant le dîner, George avait annoncé qu'il avait beaucoup d'emplettes à faire pour son voyage, et qu'il y occuperait une partie de sa soirée. Nous sortîmes ensemble.

— Où allez-vous? me dit-il assez machinalement et en homme qui ne veut parler de rien.

Je cédai au diable qui me poussait. Jamais herbe tendre ne s'offrit si complaisamment à la voracité d'un curieux.

— Je vais, lui répondis-je du même ton d'indifférence qu'il avait mis dans sa question, je vais rejoindre, aux Italiens, Ourdan et la comtesse d'Andressi.

Le diable m'avait bien poussé. Ces deux noms ne touchaient pas à l'oreille de George qu'il ne tressaillît ; cependant il se contint et me répondit :

— Ah ! elle est aux Italiens.

Un moment après, il me quitta, en prenant une route tout-à-fait opposée à celle qui me menait aux Bouffes, car on appelait encore le Théâtre-Italien de ce nom. Quand j'arrivai dans la loge d'Ourdan, la comtesse d'Andressi était seule. Je demeurai ébloui : elle était belle à faire crier d'admiration ; j'en devins muet. Elle m'accueillit comme un ami. C'était tout-à-fait une femme : plus de demoiselle qui ne sait ni écouter ni répondre sans embarras ; une grâce enchanteresse ; un sourire de bonheur qui me rendait tout joyeux. Jamais je ne fus si tenté de me mettre à genoux et de demander pardon à une femme. Pardon de quoi ? Je ne sais ; mais je prenais tant de plaisir à la voir et à la trouver belle, que cela me semblait inconvenant. Une femme n'arrive pas à un effet si puissant sans le voir et sans en être flattée. Elle m'acheva en me disant :

— Donnez-moi votre bras ; nous nous promènerons un instant dans le couloir.

Nous sortîmes ; elle s'appuya sur mon bras et se mit à me causer de moi, de ce que j'étais devenu, de ce que mon nom lui était quelquefois arrivé à Naples. Je croyais rêver. Toutes les femmes me regardaient ; quelques élégans, qui d'ordinaire me jetaient leur bonjour du bout du gant, me saluèrent de façon à être assez vus pour que la comtesse me demandât qui ils étaient ; mais elle ne prenait garde à rien, s'informant beaucoup de mes nouvelles habitudes, de mes liaisons, si elles m'empêcheraient d'aller la voir souvent. Jamais on ne chargea à ce point un homme de bonheur et de fatuité. Je devais étinceler comme une machine électrique. Tout à coup la comtesse s'arrête et devient muette. Je la regarde et la vois haletante et pâle sous le regard d'un homme qui la considérait avec une avidité insolente. Cet homme était Leister. A tout homme, même à Leister, il fallait demander compte de l'audace d'une telle attention. Je fis un mouvement vers lui.

— Rentrons, me dit la comtesse d'une voix troublée, rentrons.

Elle m'entraîna dans sa loge ; elle était inquiète, impatiente ; non seulement elle ne me parlait plus, mais elle ne me répondait pas. Ourdan rentra ; elle lui parla bas et avec vivacité. J'étais descendu de mon troisième ciel. Je sortis de la loge pour ne pas gêner la querelle qu'elle faisait à Ourdan. Les acteurs étaient en scène, les couloirs vides, et je commençais à m'expliquer les gracieusetés de Cœlina par des informations à prendre sur le compte de Leister, lorsque j'aperçus celui-ci à un carreau de loge d'où il pouvait voir et d'où il regardait attentivement la comtesse. D'abord je voulus l'éviter ; mais j'étais irrité de ma félicité stupide, et je voulus savoir quelque chose. J'abordai George, en le tirant de sa contemplation, pour lui dire :

— Eh bien ! c'est là que vous faites vos emplettes ?

Il se retourna fort surpris, et, son premier étonnement passé, il me répondit avec un de ces airs mystérieux qu'il avait si souvent :

— Oh ! je ne pars plus maintenant.

J'en fus ravi. L'intrigue se nouait ; les relations mystérieuses de Leister et de la comtesse étaient évidentes. Il me sembla que je lisais un roman. Le départ de George m'eût laissé peut-être au premier volume : son séjour à Paris me promettait le dénouement. Seulement ce n'était pas moi qui tenais le livre et qui tournais les feuillets. Ma curiosité doubla par l'impatience ; je me promis un hiver très occupé. Je quittai Leister et retournai dans la loge de la comtesse. Elle était redevenue charmante : Ourdan l'avait sans doute calmée. J'arrangeai dans ma tête qu'il lui avait promis le départ de Leister. Je voulus m'en assurer ; et revenant sur mon manque de parole pour le dîner, je racontai que j'avais été retenu chez un ami qui partait le lendemain. Un coup d'œil échangé entre Ourdan et la comtesse se traduisit pour moi de cette façon :

— Eh bien ! ne vous l'avais-je pas dit ?
— A la bonne heure, répondait la comtesse.
— Alors, me dit Ourdan qui, cette fois, parla de la bouche comme Junon (*sic ore locuta est*), nous n'avons pas de chance de vous voir demain ?
— Je ne sais, répondis-je avec une parfaite perfidie ; mais je viens de le rencontrer, et il n'est plus si décidé à quitter Paris.

Ce mot fit tonnerre. La comtesse redevint pâle, et ses grands yeux s'animèrent d'une colère qui fit presque peur à Ourdan. Quant à moi, j'étais ravi, ma finesse me paraissait merveilleuse, et je joignais à cette ivresse de vanité une petite saveur de vengeance qui me rendait fort considérable à mes propres yeux. Je me retirai, en habile homme, sur un triomphe et ne risquai pas mes avantages. Je passai deux bonnes heures de la nuit à me figurer deux billets m'arrivant le lendemain, chacun d'un côté. Le lendemain se passa sans nouvelles, le surlendemain de même. Évidemment on s'arrangeait ou on se faisait la guerre sans moi ; on m'avait fermé le livre au nez. J'en fus dépité au point de penser à ne plus revoir ni Leister ni la comtesse, m'imaginant presque que tout ce que j'avais supposé m'avait été dit, et que je devais me retirer, du moment que l'on m'excluait de la confiance qui m'était due. J'eus beaucoup de peine à me persuader qu'on ne m'avait rien révélé, et qu'en m'éloignant ainsi sans raison, je jouais le rôle d'un malappris. La curiosité vint au secours de cette sage réflexion, et j'allai, le troisième jour, faire visite à Leister, à sa femme et à la comtesse. Les deux premières me reçurent comme si de rien n'était, Cœlina de même. Elle fut bonne, charmante, aisée. Ce ne fut que ce jour-là que je remarquai l'absence des Villois paternels. Ma visite me paraissait devoir finir comme elle avait commencé, dans une insignifiance complète, lorsqu'on amena à la comtesse un bel enfant de deux ans, sur les traits duquel je crus lire le nom de Leister, visiblement écrit. Je m'étais prémuni contre toute surprise de tout genre, bien persuadé que j'étais qu'on me laisserait tout voir si j'avais l'air de ne rien regarder. Cœlina avait cherché sur ma figure l'impression que me faisait la vue de son enfant. Je n'y laissai arriver qu'une vive admiration pour sa charmante beauté. Elle parut délivrée d'un grave souci. Je poussai l'audace de ma niaiserie jusqu'à demander à la comtesse si nous verrions bientôt à Paris son mari, le comte d'Andressi, le père de ce bel enfant. En embarrassant Cœlina, je la rassurai. Elle me répondit que son mari avait de graves intérêts dans l'Inde, et qu'il était parti pour les surveiller. L'Inde me parut bien choisie : il était difficile de l'envoyer plus loin, et je me préparai à apprendre sa mort par un prochain naufrage. Je gagnai à cela de trouver toute cette intrigue, où plutôt celle que je bâtissais, assez vulgaire pour me désenchanter de Cœlina, et je m'épargnai d'en devenir fou, ce qui ne m'eût certes pas manqué. Le souvenir des relations jadis suspectées, entre Ourdan et Mlle Villois me revint en mémoire. J'expliquai tout cela par une infidélité de Cœlina avec Leister, pendant son absence de Paris, pardonnée par Ourdan et couverte d'un mariage supposé et d'un titre *in partibus*.

Je m'étais arrangé de cette idée ; c'était une affaire réglée avec moi-même. Je continuais donc à voir tous les acteurs de ce drame passé et probablement fini : j'y avais fait un dénouement, et déjà je n'y mettais plus grand intérêt, lorsqu'au bout de quelques mois, je crus remarquer chez Leister un changement notable. L'aisance de la maison avait disparu peu à peu ; des emprunts avaient été contractés ; Leister n'était jamais chez lui ; sa femme ne sortait plus, et je la surprenais souvent à pleurer. Quelquefois j'avais voulu l'attirer à la confidence qu'elle m'avait promise ; mais on eût dit qu'elle me considérait en ennemi. D'une autre part, j'observais de l'inquiétude chez Cœlina ; et souvent quand j'arrivais inopinément, elle cachait des lettres dont elle paraissait fort émue. Un soir, je sonne chez elle, un domestique vient m'ouvrir, et, tout surpris de me voir, il me dit assez gauchement :

— Ah ! c'est vous, monsieur***.

Puis il se reprit et ajouta :

— Vous pouvez entrer, vous.

Cela voulait dire clairement : Il y a quelqu'un

qui doit venir et qu'on ne doit pas recevoir. Comme j'arrivais à la chambre de Mme d'Andressi, j'entendis une porte qui se fermait violemment de l'autre côté. On m'annonça. La chambre était déserte.

— Ah! me dit le domestique, c'est que madame ne croit pas que c'est vous ; et il sortit pour l'avertir. Il y avait un billet ouvert sur la cheminée ; il ne contenait qu'une ligne de l'écriture de George :

« Madame, il faut que je vous voie ce soir ; il y va de ma vie et de la vôtre. Je serai chez vous à dix heures. »

Il en était neuf et demie. Je compris la fuite de la comtesse et son effroi. Elle rentra doucement et me surprit les yeux sur le billet. J'en fus honteux ; elle ne parut pas irritée de mon indiscrétion.

— Vous avez lu ce billet? me dit elle.

Je ne répondis pas.

— Tant mieux, ajouta-t-elle ; j'aurais peut-être hésité plus long-temps à tout vous dire. Vous connaissez George?

— C'est mon ami.

— Eh bien ! il faut que vous me délivriez de ce furieux ; il faut que vous lui fassiez entendre raison.

Elle s'assit, me montra un siége et s'apprêta à me faire un long récit. Tout à coup la sonnette vibra de nouveau ; Cœlina se leva avec un tremblement universel.

— Il n'est pas dix heures cependant ! s'écria-t-elle.

— Ne craignez rien, lui dis-je.

Et nous entendîmes les pas d'un homme : ce fut Ourdan qui entra.

— Eh bien ? s'écria-t-elle rapidement, en se jetant vers lui.

— Rassurez-vous, répondit-il d'un air sinistre, il ne viendra pas.

Jamais je n'aurais cru le visage joyeux d'Ourdan capable d'une expression si fatale. Madame d'Andressi demeurait dans une des rues les plus reculées et les plus désertes du faubourg Saint-Germain. Je ne sais quelle idée de crime me passa dans la tête, et je m'écriai, sans y songer :

— Oh ! pas de violence, au moins.

Ourdan me regarda comme s'il ne m'avait pas vu en entrant. Son visage reprit son expression habituelle, et il me répondit avec un sourire malaisé :

— Oh ! ce n'est pas avec un poignard qu'on saigne les fous.

Cette réponse sembla à la fois rassurer la

terreur de madame d'Andressi, et épuiser ses forces; elle tomba sur un fauteuil en murmurant sourdement :

— Oh! le malheureux ! le malheureux !

J'étais le plus embarrassé des trois acteurs de cette scène, quoique je ne fusse pour rien dans ce qui l'avait amenée. La comtesse pleurait, et Ourdan, assis dans un coin, battait la terre du pied avec impatience. Je voulus me retirer, et m'approchant de la comtesse, je lui dis à voix basse :

—Adieu, madame ; je pense que vous n'avez plus rien à me dire.

— Restez, me dit-elle tout bas ; restez.

Je vis qu'elle avait autant de peur d'Ourdan que de George; je ne prévoyais pas comment tout cela pouvait finir. J'aurais voulu aller m'informer de Leister ; mais je ne voulais pas abandonner la comtesse. Je me taisais; un bruit violent, qui éclata dans l'antichambre, nous surprit tous trois en sursaut. Cette fois, c'était bien George qui menaçait de mort quiconque oserait l'arrêter. Je m'élançai vers la porte pour prévenir quelque malheur. Je l'ouvris; George aperçut la clarté de la chambre à travers le salon obscur ; il s'y précipita comme un forcené, et entra. Il était sanglant, déchiré, épouvantable; il tenait deux pistolets à sa main. Il regarda Ourdan et Cœlina avec une joie sauvage, et s'écria :

— Ah! vous voilà tous deux; tant mieux!

Il voulut fermer la porte, deux domestiques s'y opposèrent; M. Ourdan leur cria de s'éloigner. George tourna la clef dans la serrure et la mit dans sa poche. Il entra tout-à-fait dans la chambre, et m'aperçut alors.

— C'est le ciel qui me protége! s'écria-t-il; eh bien! vous saurez tout. Vous allez entendre une affreuse histoire; mais vous, au moins, vous pourrez la redire; vous n'êtes pas un misérable sans famille, qu'on peut faire disparaître impunément ou comme un fou, ou comme un malfaiteur. Vous avez un père, des amis, quelqu'un qui vous aime!

— Oubliez-vous Thérèse? m'écriai-je.

— Autre infamie, me dit-il; puis, se tournant vers Ourdan, il ajouta : Oui, monsieur, elle m'a tout dit, tout, jusqu'au prix que vous aviez mis aux scènes qu'elle me jouait. Mais ce n'est pas d'elle qu'il s'agit; c'est de vous, de cette femme.

La comtesse fit un mouvement d'indignation.

— Oh! patience, madame; il faut pourtant

bien m'entendre une fois. D'abord, monsieur, continua-t-il, en se tournant vers moi et en me prenant à partie, il faut que vous sachiez qui je suis ; vous ne savez que la moitié de mon nom. Je m'appelle Leister, Leister, comte d'Andressi; vous comprenez que madame est ma femme.

Je demeurai confondu. L'agitation de George ne se calmait pas.

— Vous êtes le comte d'Andressi ?

— Le comte d'Andressi, un nom honorable qui n'a jamais été porté que par des hommes d'honneur jusqu'à moi, et que par des femmes pures jusqu'à elle.

Et il montra Cœlina avec un mépris désespéré. Elle était anéantie de cette rage; elle se tut.

— C'est donc vrai ? s'écria George, exaspéré de ce silence. — Tenez, me dit-il en s'adressant encore à moi, c'est épouvantable! voici comment cela s'est fait : Vous savez que mon père n'était pas Français; il fut ruiné lors de l'envahissement du Piémont par les armées de la République. Il se cacha en France, sous le nom de Leister, qui était celui de ma mère; il s'y fit commerçant, y prospéra d'abord, puis il se ruina. En 1810, il fut mis en prison pour une dette de cent mille écus. Vous savez cette exécrable loi qui condamne un étranger à mourir en prison quand il ne peut pas payer ; loi homicide qui dit à l'homme, marche, agis, prospère, et qui l'enchaîne de ses quatre membres ; insolence et crime tout ensemble qui range le malheur ou l'imprudence au-dessous des forfaits les plus atroces. Car le plus honteux scélérat du bagne a un point d'espérance dans sa vie : un caprice de clémence du souverain peut le délivrer. L'étranger débiteur appartient à son créancier ; c'est une vie à ronger que nulle puissance ne peut lui ôter. Le créancier de mon père était cet homme que vous voyez là. J'avais douze ans quand il ôta mon père du nombre des hommes. Je me fis vieux de dix ans de plus ; à douze ans, je gagnai ma vie, et j'amassai. Mais cent mille écus, monsieur, cent mille écus ! J'avais vingt-deux ans, et je possédais dix mille francs, et je soutenais mon père dans sa prison, mal, misérablement, sans le sortir de sa détresse ; il me semblait que tout ce que je donnais à son bien-être je l'ôtais à sa liberté. Malheur, et infamie ! je lui ai fait demander deux fois un vêtement chaud pour s'abriter l'hiver. Un jour qu'il était malade, et que je lui envoyai un médecin, des médicamens, et qu'il me fallut payer tout cela, je compris que j'étais un insensé d'espérer sauver mon père, et je pensai à venir assassiner cet homme.

Ourdan tressaillit, Cœlina écoutait George avec une curiosité avide. Il s'était arrêté sous le poids des émotions qui le déchiraient.

— Eh bien? dit Cœlina haletante.

— Eh bien! madame, lui répondit George qui, tout à la pensée de son père, semblait oublier à qui il parlait, eh bien! je ne le fis pas; oh! non point parce que c'était un crime, mais parce qu'il fallait quelqu'un à mon père pour qu'il ne mourût pas de faim, de froid, de désespoir. Je ne vous dis pas que j'ai prié cet homme. Je suis venu trois fois à Paris, à pied, pour me traîner à ses genoux. Oh! le misérable! le misérable!

George s'était rapproché d'Ourdan, et, du bout de son pistolet, il le désignait; il semblait prêt à lui briser la tête.

— George! m'écriai-je, en me jetant devant lui.

— Oh! non, me dit-il, ce n'est rien. C'était la troisième fois que je venais. Monsieur, me dit-il, je puis sauver votre père. Je suis le tuteur d'une jeune fille qui a commis une imprudence qui peut la perdre.

— Moi ? s'écria Cœlina avec un accent d'épouvante.

— Vous, madame; vous, lui dit George.

Cœlina retomba dans son fauteuil.

— Cette jeune fille doit être mariée; mais elle est d'une famille qui ne peut, sans la déshonorer publiquement, la sacrifier à un nom obscur. Vous en avez un qui a quelque éclat, épousez-la; sa dot sera la liberté de votre père et une pension de vingt-quatre mille francs, à condition que vous ne la reverrez plus après votre mariage. Vous vous cacherez sous le nom de Leister, et elle portera légitimement le titre de comtesse d'Andressi. De tout cela je n'avais entendu qu'un mot, la liberté de mon père. J'acceptai tout ; je ne réfléchis à rien. Je me remis dans les mains de cet homme, et je repartis pour Lyon. Tout se fit comme par enchantement, et, le jour même où devait se célébrer notre mariage, une demi-heure avant le moment convenu, madame arriva avec cette famille si distinguée, que vous savez. Je ne voyais rien, je ne comprenais rien, je ne vis pas même alors combien elle était belle; la prison de mon père devait s'ouvrir après la cérémonie, elle s'ouvrit en effet. Oh! je fus heureux alors, heureux à en mourir; ce qui eût été juste, monsieur, car si j'étais mort alors, j'aurais cru à quelque chose de bon au monde, j'aurais cru à un Dieu ; enfin, je vécus. Je n'avais rien dit à mon père, ou plutôt je lui avais menti. Je lui avais parlé d'un mariage honorable, d'une transaction avec Ourdan. Je ne voulus pas troubler les premières heures de sa liberté, en lui faisant de pénibles aveux. J'étais fou, insensé ; au lieu de mener mon père chez moi, je le conduisis à l'hôtel où demeurait ma nouvelle famille. La voiture de voyage était attelée dans la cour ; je me rappelai les conditions d'Ourdan, et, malgré mon embarras, je présentai mon père au baron et à la baronne, qui étaient descendus pour hâter les préparatifs du départ, de ce style que vous connaissez.

— Quoi! s'écria mon père en regardant le misérable qui se faisait appeler baron de Villois, c'est là le père de celle que tu as épousée ?

— Oui, lui répondis-je.

— Ce malheureux ! reprit-il, le laquais de cet infâme Ourdan ! Oh ! la prison, plutôt la prison !

Il s'échappa. Je le suivis, je lui avouai tout. Il ne me maudit point, il me plaignit tant qu'il crut que cette femme ne porterait que notre nom inconnu de Leister. Mais lorsqu'il apprit que je lui avais vendu ce nom d'Andressi qu'il avait caché dans la misère, comme un joyau paternel qu'on ne donne pas même pour du pain, mais qu'on n'étale que le jour où on peut l'enchâsser d'or, alors il se désola, alors il me repoussa, alors il en mourut, et pourtant il n'a pas vu un être plus infâme que ces deux êtres, il n'a pas vu son fils maudit, déshonoré, traîner son front plus bas que les pieds de ces gens de fange, car, monsieur.....

Et à ce mot George qui était arrivé aux larmes par le souvenir de son père, George se mit à sangloter, et il continua ces mots pénibles et entrecoupés :

— Car, monsieur, je suis plus infâme qu'eux, moi. Cette femme, celle que vous voyez là, qui m'a acheté mon nom, le nom de mon père qui en est mort, pour le prostituer, cette femme, je l'aime ; je me suis traîné à ses pieds, je lui ai demandé de me laisser porter à côté d'elle ce nom qui est à moi, ce nom qu'elle a sali en en faisant celui de la maîtresse du bourreau d'un vieillard.

— Mon père ! s'écria Cœlina en courant à Ourdan et en le secouant violemment, mais répondez, mon père ; mais c'est abominable, ce qu'il dit.

A ce cri, à cette exclamation, à ce geste désespéré de Cœlina, George resta terrifié. Je crus assister à un de ces rêves fantasques du cerveau des poètes. Mais Ourdan ne répondait pas. A ce moment le malheureux rêvait un crime ou un repentir.

— Mais, dit George d'une voix où la colère laissait déjà percer une vague espérance, mais, madame, cet enfant qui porte mon nom, cet enfant ?...

— C'est le vôtre, monsieur, répliqua Cœlina. N'avez-vous pas eu de...

Le mot ne lui revint pas, elle se reprit.

— N'avez-vous pas eu un enfant ?

— Oui, s'écria George, un enfant mort en nourrice.

— Enlevé par mon père, ou plutôt par moi, monsieur.

— Enlevé ! reprit George; Thérèse l'a vu mort.

— Eh bien ! s'il faut tout dire, ajouta Cœlina, acheté à sa mère.

— A Thérèse ? m'écriai-je.

— Oui, me dit George, tombé soudainement dans un abattement profond, à cette Thérèse que j'ai aimée comme un ange consolateur, car je l'ai rencontrée au milieu du désespoir de ma vie; quand, resté seul sur la terre, je ne savais où abriter mon ame, elle est venue à moi, et je l'ai aimée. Comprenez-vous que pendant trois ans j'ai dévoué chaque minute de mon existence à un mensonge ; car cette femme, monsieur, cette femme, elle aussi, était un piége de cet infâme, une fille perdue qu'il avait attachée à ma vie pour l'espionner et la perdre ; pour me montrer à vous, sans doute, madame, à vous innocente peut-être, comme un débauché ! Et la malheureuse, madame, elle a été victime comme nous, si misérable qu'elle fût ! Cet homme lui a menti, il lui a donné l'espérance de m'épouser, et c'est lorsque, pressé par ses importunités ardentes, j'ai voulu les faire taire pour jamais, c'est lorsque je lui ai déclaré que j'étais marié, qu'elle s'est écriée : — Ah ! l'infâme Ourdan m'a trompée ! Alors j'ai tout su, car je lui ai fait tout avouer ; c'est alors que je vous ai écrit. C'est deux heures après qu'en me rendant ici j'ai été attaqué par des assassins. Mais vous qui connaissez cet homme, vous qui l'avez appelé mon père, expliquez-moi donc l'ame de ce monstre, madame.

Cœlina se tut. Ourdan ne sortait pas de sa terreur ou de sa rêverie ; enfin il fit un violent effort sur lui-même ; il se leva, prit son chapeau, et s'approchant de sa fille, il lui dit :

— Cœlina, vous pouvez annoncer publiquement que le comte d'Andressi est de retour.

Il voulut sortir. George s'élança au-devant de lui.

— C'est mon père, monsieur! s'écria Cœlina.

George tira la clef de sa poche, il la remit à Ourdan, dont nous entendîmes la voiture s'éloigner bientôt.

— Merci, monsieur! dit Cœlina à George. Moi, j'ai tué le vôtre!

Et elle se mit à pleurer à chaudes larmes. George était accablé; il s'était retiré dans un coin de la chambre et réfléchissait, absorbé par le tumulte de ses pensées, accusant sans doute et justifiant Cœlina. Enfin il s'approcha d'elle et lui dit :

— Mais vous, madame, comment avez-vous consenti à ce mariage ?

— Moi! monsieur, répondit Cœlina; il était si facile de me tromper! Mais je vous dois une explication. Ma mère...

Cœlina s'arrêta à ce mot, et s'adressant à moi, elle me dit :

— Si avant que vous soyez entré dans la confidence de nos malheurs, je dois taire son nom. Vous le saurez, monsieur, dit-elle à George.

Je voulus me retirer.

— Oh! non, me dit Cœlina, restez et ne m'en veuillez pas.

Je compris son embarras.

— Ma mère était d'un rang qui rendait vraisemblable tout ce qu'on me disait avoir été arrangé d'avance pour mon existence. Mon père m'avait toujours dit que je devais être mariée à dix-huit ans. Toujours il m'avait dit que j'étais destinée au comte d'Andressi ; cet homme, quel qu'il fût, devait être mon mari. Cette idée grandit avec moi, et lorsque mon père m'annonça mon futur mariage, ni le mystère qui y présida, ni la condition de vous quitter une heure après, pour ne vous retrouver qu'à Naples, rien de cela ne m'étonna. Vous savez ce qui arriva. A Naples, les prétendus parens qu'on m'avait imposés me furent retirés, et j'y vécus dans la maison de la sœur de M. Ourdan. Je vous attendais, vous ne vîntes pas, et bientôt les lettres de mon père m'apprirent votre abandon, votre liaison avec une fille publique, votre vie commune avec elle. Tant que mon père vit par ma correspondance que je gardais l'espoir de vous voir revenir à une meilleure conduite, il me retint en Italie ; lorsqu'enfin il comprit que j'avais pris mon parti sur mon singulier veuvage, il me rappela à Paris ; je sus que vous y étiez. Je vous haïssais alors, je faisais plus, je vous méprisais. Je ne supportais pas l'idée d'habiter la même ville que vous. Mon père m'apprit que vous deviez partir le lendemain.

— Oui, dit George, et c'est en refusant de me payer la pension stipulée dans son marché, qu'il a essayé de me lasser par la misère; mais je vous avais vue, Cœlina, je vous aimais, et déjà cet amour forcené qui m'a tout fait braver.....

Cœlina baissa les yeux et reprit doucement:

— Ne me parlez pas ainsi; vous ne savez pas encore tout. Quand je vis que vous vous obstiniez à rester, je vous détestai plus véritablement. Mon père me traduisait cet amour que vous m'écriviez, en un lâche calcul; il en faisait une honteuse spéculation.

— Oh! vous ne le croyez plus, madame?

— Non, reprit Cœlina vivement émue, non, mais je l'ai cru; le seul tort que je me reprochasse envers vous, c'était de vous avoir ravi votre fils. Mais mon père me disait tant qu'il l'avait arraché à l'abandon, presque aux portes d'un hospice, et puis, ce n'était pas une usurpation que ce nom que je lui donnais; d'ailleurs, j'aimais cet enfant; je l'aimais, il vous ressemble tant.

— Assurément ! m'écriai-je.

— Vous l'avez donc vu ? me dit George. Et moi ?

— C'est votre fils, dit Cœlina d'un air triste, et vous êtes ici chez vous.

Je vis à ce mot que du moment que George pourrait être le mari de Cœlina, cet enfant ne deviendrait plus que le fils d'une étrangère. George n'insista pas et nous nous retirâmes assez avant dans la nuit ; il en passa le reste chez moi. Une chose restait inexplicable pour nous, c'était la conduite d'Ourdan. Nous bâtîmes des romans sans fin pour la comprendre ; une phrase de trois lignes nous la mit à jour. Le matin, George reçut un billet ainsi conçu :

« MONSIEUR LE COMTE,

« M. Ourdan vient de me prévenir de votre
« arrivée. Veuillez passer à mon étude, où je vous
« remettrai des papiers qui vous concernent.

« N..., *notaire.* »

Nous allâmes chez ce M. N..., et il remit à George un papier contenant ces mots :

« Lorsque ma fille Cœlina aura atteint l'âge
« de vingt-et-un ans, M. N... lui remettra les

papiers ci-joints. Si elle se marie avant cet âge, M. N... ne les remettra qu'à son mari, quelque personne qui se présente pour les réclamer. *Signé*....... »

Je lisais par-dessus l'épaule ; je vis la signature : ce n'était qu'un nom de baptême ; sur la cire du cachet qui fermait l'enveloppe des titres il y avait une couronne souveraine.

Ces papiers consistaient en une reconnaissance de 300,000 livres de rentes, inscrites au grand-livre dont Ourdan se reconnaissait détenteur, au nom de Cœlina, à laquelle il en était fait donation par un acte joint à cette reconnaissance.

Le notaire nous annonça qu'il était chargé de la part de M. Ourdan de remettre à George les inscriptions mentionnées dans la reconnaissance, en échange de cet engagement. Quand tout fut fini,

— Eh bien ! dis-je à George, comprenez-vous maintenant ? Il a marié Cœlina à dix-huit ans pour qu'on ne lui remît pas ces papiers, et il l'a mariée à un homme qu'il avait fait civilement disparaître, pour qu'on ne les lui remît pas davantage.

— Quoi! s'écria George, tant de crimes pour un peu d'or!

— Ma foi, lui répondis-je, dites donc si peu de crimes pour tant d'or !

— Mais qu'est devenu ce malheureux ?

— Vous l'apprendrez sans doute chez sa fille.

George y courut. Je jugeai plus discret de l'y laisser aller seul ; je l'attendis toute la journée, je l'attendis une partie de la nuit. Le lendemain, il vint m'apprendre qu'Ourdan était parti pour l'Amérique, et que lui-même allait voyager avec sa femme pendant quelques années. Il me chargea de faire payer par son notaire une pension à Thérèse, et me fit ses adieux. J'allai porter les miens à Cœlina ; elle fut très embarrassée de me voir. Jamais elle ne m'avait paru si belle; elle appela son mari, George, et je m'en allai mécontent. Ils quittèrent Paris. Bien souvent, depuis, en me rappelant le nom que j'avais vu sur les papiers du notaire, je ne m'étonnai plus qu'Ourdan sût si bien les aventures de la cour impériale.

FIN.

Publications Nouvelles.

HEMBYSE, histoire Gantoise de la fin du xvie siècle, par le *Baron Jules De Saint-Genois*. 3 vol. in-18.
ANNETTE ET LE CRIMINEL, par *De Balzac*. 2 vol. in-18.
LA FLEUR DES POIS, par *De Balzac*. 1 vol. in-18.
LA BÉDOUINE, par *Poujoulat*. 1 vol. in-18.
LE VICAIRE DES ARDENNES, par *De Balzac*. 2 vol. in-18.
DICTIONNAIRE DE L'ACADÉMIE. 6e édition. 2 beaux vol. très-grand in-8°, papier vélin satiné.
JOURNAL D'UN DÉPORTÉ NON JUGÉ, par *Barbé-Marbois*. 2 vol. in-18.
SIMON LE BORGNE, par *Michel Raymond*. 2 vol. in-18.
VIERGE ET MARTYRE, par *Michel Masson*. 1 vol. in-18.
ROBERT LE MAGNIFIQUE, histoire de la Normandie au xie siècle, par *Lottin de Laval*. 2 vol. in-18.
LES CHANTS DU CRÉPUSCULE, par *Victor Hugo*. 1 vol. in-18.
CORISANDE DE MAULÉON, par l'auteur de *Natalie*. 2 v. in-18.
NI JAMAIS, NI TOUJOURS, par *Ch. Paul De Kock*. 2 volumes in-18.
COQUETTERIE, par l'auteur de *Tryvelyan*. 2 vol. in-18.
SERVITUDE ET GRANDEUR MILITAIRES, par le comte *Alfred de Vigny*. 1 vol. in-18.
LAUZUN, par *Paul de Musset*. 2 vol. in-18.
HISTOIRE DES FRANCS, par *le comte de Peyronnet*. 3 v. in-18.
POÉSIES MILITAIRES DE L'ANTIQUITÉ, ou CALLINUS et TYRTÉE, traduits en vers français, avec notices, commentaires, traductions en vers latins, anglais, italiens, allemands et hollandais, par *A. Baron*, professeur de littérature générale au Musée, préfet des études et professeur de rhétorique à l'Athénée royal, etc. 1 vol. in-8°, sur grand papier vélin.
UN MARIAGE DU GRAND MONDE, par l'auteur de *Tryvelyan*. 2 vol. in-18.
ANATOLE, par madame *Sophie Gay*. 1 vol. in-18.
L'ÉCHELLE DE FEMMES, par *Émile Souvestre*. 2 vol. in-18.
JEAN ANGO, HISTOIRE DU XVIe SIÈCLE, par *Touchard-Lafosse*. 2 vol. in-18.

Imprimerie de Ode et Wodon.

www.ingramcontent.com/pod-product-compliance
Lightning Source LLC
Chambersburg PA
CBHW050658170426
43200CB00008B/1334